MITT 1964

ŒUVRES COMPLÈTES

DE

SIR WALTER SCOTT.

Traduction Nouvelle.

PARIS,

A. SAUTELET ET C° ET CHARLES GOSSELIN

LIBRAIRES-ÉDITEURS.

M DCCC XXVI.

ŒUVRES COMPLÈTES

DE

SIR WALTER SCOTT.

TOME DIX-HUITIÈME.

IMPRIMERIE DE H. FOURNIER,
RUE DE SEINE, N° 14.

L'ANTIQUAIRE.

(The Antiquary.)

TOME DEUXIÈME.

Je connaissais Anselme, il était homme sage !
Très-instruit, et plus fin, certes, qu'aucun de nous.
Mais on était surpris de son enfantillage,
Et de le voir encor rechercher les joujoux :
Tels que petits bouquins ornés d'enluminures,
Médailles dont la rouille effaça les figures,
Et même l'air noté de quelque vieux refrain
Dont peut-être on berça jadis le roi Pepin.

L'ANTIQUAIRE.

(The Antiquary.)

CHAPITRE XVII.

« C'était là qu'autrefois de pieux solitaires
» La nuit à l'Éternel adressaient leurs prières.
» Le cœur chargé d'ennuis y pouvait respirer ;
» La vengeance et la haine y venaient expirer ;
» La pitié, des remords adoucissant la crainte,
» A l'orgueil imprimait du repentir l'empreinte. »

CRABBE.

La matinée du vendredi fut aussi belle que si l'on n'eût projeté aucune partie de plaisir, ce qui est un événement aussi rare dans la vie que dans les romans (1): Lovel, qui éprouvait la salutaire influence de la saison,

(1) L'auteur écrit en Écosse. — Tr.

et qui jouissait de l'espérance de revoir bientôt miss Wardour, n'avait pas été depuis long-temps d'une humeur aussi gaie. Son avenir semblait s'offrir à lui plus riant, et l'espérance, quoique semblable encore au soleil du matin dont les rayons percent avec peine les nuages et les brouillards, jetait du moins pour lui quelques rayons sur le sentier de la vie. D'après cette disposition d'esprit, il arriva le premier au rendez-vous, comme on peut aisément le supposer; et ses regards étaient fixés avec tant d'attention sur la route qui conduisait à Knockwinnock, comme il n'est pas moins facile de le croire, qu'il ne s'aperçut de l'arrivée de la division venant de Monkbarns, que grace au cri : — Gare! que le postillon fut obligé de répéter plusieurs fois.

Cette chaise de poste contenait d'abord le digne et grave M. Oldbuck, et ensuite le révérend M. Blattergowl, personnage presque aussi imposant, ministre de Trotcosey, paroisse dans laquelle étaient situés les châteaux de Monkbarns et de Knockwinnock. Sur son énorme perruque était placé un chapeau à cornes en forme de triangle équilatéral; c'était, comme le disait notre antiquaire, le *parangon* des trois perruques qui restaient dans la paroisse, et qu'il avait coutume de comparer aux trois degrés de comparaison, la petite perruque bien collée sur le front de sir Arthur étant le positif, sa propre perruque ronde le comparatif, et l'*in-folio* du révérend le superlatif. Le surintendant de ces trois coiffures antiques, croyant ou affectant de croire qu'il ne pouvait s'absenter dans une occasion qui les réunissait toutes trois, s'était assis derrière la voiture, afin, disait-il, de se trouver à portée, si par hasard Leurs Honneurs désiraient un coup de peigne avant le dîner. Entre les deux figures majestueuses de Monkbarns et du ministre s'élevait, comme une aiguille, la taille svelte et élancée de Marie Mac-Intyre, sa tante ayant préféré une visite au presbytère, et quelques heures de bavardage avec miss Beckie Blattergowl, au plaisir de parcourir les ruines du prieuré de Sainte-Ruth.

Tandis que Lovel et Oldbuck se saluaient réciproquement, sir Arthur arriva dans son équipage, calèche découverte dont le vernis éclatant, les armoiries qui en couvraient les portières, les chevaux bais qui la traînaient, et deux coureurs qui la précédaient, faisaient un contraste frappant avec la vieille chaise de poste de l'antiquaire et les haridelles qui y étaient attelées. Sir Arthur et sa fille occupaient les places d'honneur, le fond de la voiture. Le premier coup d'œil que miss Wardour jeta sur Lovel donna une nouvelle vivacité aux roses de son teint; mais elle s'était probablement préparée à le recevoir simplement en ami, car elle répondit avec autant de calme que de politesse au salut empressé qu'il lui adressa. Sir Arthur fit arrêter son équipage, serra la main de Lovel, et lui exprima le plaisir qu'il éprouvait en saisissant cette occasion de lui faire lui-même tous ses remerciemens du service qu'il lui avait rendu. Lui montrant alors un troisième personnage assis sur la banquette de devant, place réservée ordinairement aux gens d'une condition inférieure : — M. Dousterswivel! M. Lovel, lui dit-il (1).

Lovel fit une légère inclination de tête à l'adepte allemand, et celui-ci la lui rendit avec un air d'humilité,

(1) Manière laconique de présenter une personne à une autre, en les nommant toutes deux et avec un simple signe de tête. — Éd.

ou plutôt de bassesse, qui ne fit qu'ajouter aux préventions défavorables que notre héros avait déjà conçues contre lui; on pouvait voir, aux sourcils froncés de l'antiquaire, que ce surcroît de compagnie lui causait à lui-même quelque déplaisir. On ne fit guère que se saluer de loin, et les voitures ayant continué à rouler pendant environ trois milles, s'arrêtèrent enfin à l'enseigne des *Quatre Fers à cheval*, petite auberge voisine du prieuré, où Caxon ouvrit humblement la portière de la chaise de poste, tandis que les deux laquais de sir Arthur aidaient leurs maîtres à descendre.

Là on se salua plus à loisir; les deux jeunes demoiselles se prirent la main; et Oldbuck, alors dans son élément, se mit à la tête de la compagnie pour jouer le double rôle de guide et de cicerone, car on devait se rendre à pied sur le lieu qui excitait leur curiosité. Il eut soin de retenir près de lui Lovel, qu'il regardait comme l'auditeur le plus docile, et il se retournait de temps en temps pour donner un mot d'instruction à sa nièce et à miss Wardour, qui les suivaient. Il ne disait rien au baronnet ni au ministre, parce qu'il connaissait leurs prétentions à savoir plus que lui sur cette matière; et il évitait Dousterswivel, dont la présence l'offusquait, le regardant comme un charlatan et comme la cause immédiate de la perte qu'il craignait de faire des cent livres risquées par lui dans l'entreprise de la mine de cuivre. Le ministre et l'adepte étaient donc deux satellites faisant leur révolution autour de sir Arthur, qui était d'ailleurs le personnage le plus important de toute la société.

Il arrive souvent en Écosse que les plus beaux points de vue se trouvent cachés dans quelque lieu écarté, et vous pouvez traverser ce pays dans tous les sens, sans vous douter qu'il y a près de vous quelque chose qui mérite d'être vu, à moins que le hasard ou une intention déterminée ne vous y conduisent ; c'est ce qui arrive surtout dans les environs de Fairport, qui, en général, n'offrent qu'un pays découvert et nu ; mais par intervalles le cours d'un ruisseau ou d'une petite rivière vous conduit à des vallons, des glens, ou des dens (1), comme on les appelle dans le dialecte provincial, entourés de hautes roches escarpées sur lesquelles croissent avec une profusion de verdure des arbres et des arbustes de toute espèce ; vue d'autant plus agréable qu'elle forme un contraste frappant avec le caractère général du pays. C'est ce qu'éprouvèrent nos voyageurs en se rendant aux ruines du prieuré de Sainte-Ruth par un sentier qui ne semblait fréquenté que par les troupeaux, le long d'une montagne nue et escarpée. Cependant, à mesure qu'ils avançaient, et quand ils eurent tourné ce rocher, ils commencèrent à voir quelques arbres, d'abord solitaires, vieux et rachitiques, aux troncs desquels des flocons de laine étaient attachés, et dont les grosses racines mises à découvert formaient de grands creux dans lesquels les moutons aiment à se reposer ; spectacle plus flatteur pour l'œil d'un admirateur du pittoresque que pour celui de l'homme qui aime à planter des arbres et à les voir croître et prospérer. Peu à peu ces arbres formèrent des groupes, rendus plus épais par les épines et les noisetiers qui en garnis-

(1) *Glen* et *den* sont à peu près synonymes. Den signifie ordinairement une grotte, une caverne : ici ce mot s'applique à ces vallons en *entonnoir* entourés presque de toutes parts de rochers, comme les glens. — Éd.

saient le centre et les bords ; enfin ces divers bouquets se réunirent, et quoiqu'on vît de temps en temps sous leurs branches une large percée, et qu'on trouvât quelques endroits où un sol marécageux ou couvert de bruyères refusait la sève nécessaire aux arbres, on pouvait se regarder comme dans un pays bien boisé. Bientôt les collines commencèrent à se rapprocher ; on entendit le bruit d'un ruisseau, et, à travers les clairières du bois, on le vit promener avec rapidité ses eaux limpides sous leur dais de feuillage.

Oldbuck prit alors sur lui de déployer toute l'autorité d'un cicerone, et recommanda à chacun de ses compagnons de ne pas s'écarter d'un pas du sentier désigné, s'ils voulaient admirer dans toute sa beauté le spectacle qu'ils étaient venus voir. — Vous êtes heureuse de m'avoir pour guide, miss Wardour, dit-il ; et il accompagna de la main et de la tête les vers suivans, qu'il déclama :

« De ce bois je connais jusqu'au moindre détour.
» Les coteaux, les rochers, les échos d'alentour,
» Les grottes, les ruisseaux, les vallons, les collines,
» Les . . . . »

Diable ! cette maudite branche de ronces a démoli tout l'édifice de Caxon, et a manqué de jeter ma perruque dans le ruisseau. Voilà ce qu'on gagne à des citations *hors de propos*.

— Pourquoi vous en inquiéter, mon cher monsieur ? répondit miss Wardour ; n'avez-vous pas ici votre fidèle Caxon, dont la main est toujours prête à réparer de pareils désastres ? Vous reparaîtrez avec une splendeur égale à celle dont vous brilliez avant cet accident ; et faisant une citation à mon tour, je vous dirai :

« Dans le sein de Thétis éteignant tous ses feux,
» Tel on voit chaque soir le plus brillant des dieux
» Disparaître privé de toute sa puissance :
» Mais rendu le matin à sa magnificence,
» Il reprend ses rayons un moment éclipsés.
» Son front couronné d'or....... »

— Assez! assez! s'écria Oldbuck; je ne devais pas m'exposer à vous donner l'avantage sur moi. Mais voici de quoi vous arrêter dans votre carrière satirique, car je sais que vous êtes une admiratrice de la nature. En effet il avait fait passer ses compagnons par une brèche d'un ancien mur peu élevé et tombant en ruines, et ils virent tout à coup une scène inattendue et intéressante.

Ils étaient sur une hauteur qui, formant une espèce d'amphithéâtre, dominait un beau lac de quelques acres d'étendue. Autour d'une plage d'abord unie s'élevaient des bords escarpés, mêlés de rochers arides, tandis que le taillis qui croissait irrégulièrement sur les flancs rompait l'uniformité de la verdure. Aux pieds de nos promeneurs le lac se déchargeait dans le ruisseau rapide qu'ils avaient suivi depuis qu'ils était entrés dans ce glen. C'était à l'endroit où le ruisseau sortait du « lac paternel, » que l'on admirait les ruines qu'ils venaient voir; elles n'occupaient pas une grande étendue de terrain, mais la beauté singulière du lieu solitaire où elles étaient situées leur donnait plus d'intérêt et d'importance qu'on n'en attache ordinairement à des restes d'architecture d'un caractère plus imposant, mais voisins des habitations des hommes et privés des mêmes accessoires romantiques. Les croisées de l'église, du côté de l'orient, subsistaient encore, et les murs soutenus par de légers arcs-boutans qui en étaient détachés, ornés de pinacles et de sculptures, donnaient à l'édifice un air de variété et de légèreté. Le toit et le mur du côté de l'occident étaient entièrement détruits; mais l'église figurait un des côtés d'un carré dont deux autres étaient formés par les ruines du prieuré, et le quatrième par le jardin. La partie des bâtimens qui faisait face au ruisseau était située sur un roc escarpé; car ce couvent avait quelquefois servi de forteresse, et avait été pris d'assaut pendant les guerres de Montrose. Sur le terrain qui avait autrefois servi de jardin on voyait encore quelques arbres fruitiers. A quelque distance étaient des chênes, des ormes et des châtaigniers qui croissaient solitairement, et dont le tronc avait atteint une grosseur énorme. Le reste de l'espace qui séparait les ruines de la montagne était un tapis de frais gazon où les moutons trouvaient leur pâture journalière, et suppléaient à la faux du jardinier. Toute cette scène respirait un calme imposant sans être monotone. Le bassin profond où reposaient les eaux transparentes du lac réfléchissant les fleurs élégantes du nénuphar et les arbres qui çà et là projetaient leurs branches, offrait un contraste parfait avec le bruit du ruisseau rapide qui, s'échappant de la vallée comme un captif de sa prison, tournait autour de la base du rocher sur lequel étaient situées les ruines, et couvrait d'écume les pierres et les rocs opposés à son passage. Le même contraste régnait entre la pelouse où étaient situées les ruines ombragées par quelques arbres touffus, et l'escarpement des bords qui s'élevaient à quelque distance, alternativement décorés comme d'une guirlande légère d'arbrisseaux, tapissés d'une rouge bruyère, ou plus brusques dans leurs saillies de granit grisâtre nuancé par les lichens et ces plantes peu délicates dont les racines puisent une sève suffisante dans les crevasses des rochers les plus arides.

— C'était ici une des retraites de la science dans les siècles de ténèbres, M. Lovel, dit Oldbuck, autour duquel toute la compagnie s'était groupée en admirant ce paysage si romantique, offert inopinément à leurs regards. Ici vivaient dans un docte repos des sages fatigués des vanités de la vie humaine, et qui consacraient toutes leurs pensées soit au monde à venir, soit au service des générations suivantes. Je vais maintenant vous montrer la bibliothèque. Voyez ce reste de mur dans lequel sont percées des fenêtres carrées; c'est là qu'elle existait, et il s'y trouvait, comme l'atteste un ancien manuscrit en ma possession, un trésor de cinq mille volumes. C'est bien le cas ici de gémir et de se lamenter comme le savant Léland, qui, regrettant la destruction des bibliothèques des cloîtres, s'écrie avec la douleur de Rachel pleurant sur ses enfans, que si les lois, les décrets, les décrétales, les clémentines des papes, et autres drogues semblables, même les sophismes d'Heytesburg, les universaux de Porphyre, la logique d'Aristote, la théologie de Dunse; enfin toutes ces guenilles pouilleuses, vous demandant pardon de l'expression, miss Wardour, avaient été enlevées de nos bibliothèques pour fournir les boutiques des épiciers et des herboristes, on pouvait aisément s'en consoler; mais avoir employé à un usage aussi ignoble, aussi méprisable, nos anciennes chroniques, nos nobles histoires, nos savans commentaires, nos documens naturels, c'est avoir dégradé notre nation, c'est nous avoir déshonorés aux yeux de la postérité jusqu'à la fin des siècles. O négligence fatale à notre pays!

— O John Knox (1)! dit le baronnet d'un ton un peu ironique; John Knox! sous les auspices et par l'influence duquel cette tâche patriotique fut accomplie!

L'antiquaire, se trouvant à peu près dans la même situation qu'un chasseur pris dans le piège qu'il vient de tendre, se détourna en toussant pour cacher une légère rougeur qui lui monta au visage, tandis qu'il cherchait une réponse. — Quant à l'apôtre de la réformation en Écosse, dit-il.....

Miss Wardour se hâta d'interrompre une conversation qui pouvait avoir des suites dangereuses. — Dites-moi, je vous prie, M. Oldbuck, quel est le nom de l'auteur que vous venez de citer?

— Le savant Léland, miss Wardour, qui perdit l'esprit en voyant la destruction des bibliothèques des monastères d'Angleterre.

— Son infortune a peut-être sauvé la raison de quelques antiquaires modernes, qui se seraient infailliblement noyés dans cette vaste mer de science, si son étendue n'eût été diminuée par quelques dessèchemens.

— Eh bien, Dieu merci! il n'y a plus de danger. On nous en a laissé tout au plus une petite tasse pour commettre ce suicide.

A ces mots, il les fit descendre de la montagne par un sentier un peu raide, mais non dangereux, qui les conduisit dans la belle prairie où étaient les ruines. — Voilà où ils vivaient, continua-t-il, n'ayant autre chose à faire que d'éclaircir des points douteux d'antiquité, de

---

(1) Le réformateur de l'Écosse, qui joua le rôle d'un Érostrate protestant. Voyez le *Monastère*. — Éd.

transcrire des manuscrits, et de composer de nouveaux ouvrages pour l'instruction de la postérité.

— Et d'accomplir les rites de la religion, ajouta le baronnet, avec une pompe et un cérémonial dignes de leur auguste ministère.

— Et si fotre excellence fouloir le permettre, dit l'Allemand en se courbant jusqu'à terre, les cénopites poufoir aussi alors faire te très-curieuses expériences tans leurs laporatoires, tant en chimie qu'en *magia naturalis*.

— Il me semble, dit le ministre, qu'ils avaient assez d'ouvrage à recueillir les dîmes de trois paroisses.

— Et tout cela, ajouta miss Wardour en regardant malignement l'antiquaire, sans être interrompus par une seule femelle.

— Oui vraiment, ma belle ennemie, répondit Oldbuck; c'était un paradis où nulle Ève n'était admise; et c'est ce qui rend plus étonnant que les bons pères aient pu le perdre.

Tout en faisant ces observations critiques sur ceux qui avaient autrefois habité cet auguste édifice, ils se promenèrent quelque temps au milieu de ces ruines couvertes de mousse, toujours dirigés par Oldbuck, qui leur détailla avec beaucoup de plausibilité le plan général de tout le couvent, et qui leur lut et leur expliqua diverses inscriptions à peine déchiffrables qu'on apercevait encore sur des pierres sépulcrales, ou sous des niches qui avaient contenu jadis les statues de quelques saints.

— Comment se fait-il, demanda enfin miss Wardour à l'antiquaire, que la tradition nous ait transmis si peu de chose relativement à ces édifices majestueux, élevés à si grands frais, construits avec tant de goût, et dont les propriétaires étaient dans leur temps des personnages de la première importance, et jouissaient d'un pouvoir très-étendu? Le moindre castel d'un baron maraudeur, d'un écuyer qui vivait de sa lance et de son épée, est consacré par quelque légende, et le plus simple berger vous dira avec exactitude les noms et les exploits de tous ceux qui les ont habités tour à tour. Mais adressez à un villageois la moindre question sur ces ruines magnifiques, sur les restes de ces tours, de ces murs, de ces cloîtres, de ces chapelles, tout ce qu'il pourra vous en apprendre c'est que les moines les ont fait construire autrefois.

Cette question était un peu embarrassante. Sir Arthur leva les yeux vers le ciel comme s'il en eût attendu une inspiration pour y répondre. — Oldbuck rejeta sa perruque en arrière en se grattant le front. Le ministre pensa que ses paroissiens étaient trop fortement imbus de la vraie doctrine presbytérienne, pour conserver aucun souvenir des papistes qui avaient jadis couvert le pays, et qui n'étaient que les rejetons du grand arbre d'iniquité dont les racines sont dans les entrailles des sept montagnes d'abomination. Lovel pensa que le moyen de résoudre la question était d'examiner quels sont les événemens qui font le plus d'impression sur l'esprit du vulgaire. — Ce ne sont point, dit-il, ceux qui ressemblent aux progrès graduels d'une rivière fertilisant les terres qu'elle arrose; ce sont ceux qui participent à la fureur impétueuse d'un torrent débordé. Les ères par lesquelles le peuple compte le temps, ont toujours rapport à quelque époque de craintes et de tribulations. Elles tirent leur date d'une tempête, d'un tremblement de terre, ou d'une guerre civile. Or si tels sont les faits qui se perpétuent le plus facilement dans la mémoire du peuple, nous ne pouvons nous étonner qu'il se souvienne du guerrier féroce, et que l'abbé paisible soit délaissé dans l'oubli.

— S'il plaise à fous, messieurs et mesdames, dit Dousterswivel, et demandant humplement pardon à sir Arthur, à miss Wardour, à ce digne ecclésiastique, à mon pon ami M. Oldenbuck qui être mon compatriote, et à ce prave jeune monsieur Lofel aussi, moi croire que le tout être dû à la main de gloire.

— A la main de quoi? s'écria l'antiquaire.

— A la main de gloire, mein herr Oldenbuck, qui être un très-grand et très-terrible secret, dont les moines s'être servis jadis pour cacher leurs trésors, quand eux avoir été chassés de leurs cloîtres par ce que fous appeler la réforme.

— Oui-da, dit Oldbuck : contez-nous cela. De tels secrets méritent d'être connus.

— Fous fouloir rire de moi, mein herr Oldenbuck; mais la main de gloire être très-fort connue dans les pays où vos dignes ancêtres afoir fécu. C'être la main coupée au corps d'un homme qui afoir été pendu pour meurtre, et pien délicatement séchée à la fumée de bois de genéfrier; et si fous y mettre un peu de ce que vous appeler if, cela n'en faloir que mieux, c'est-à-dire n'être pas pire. Alors fous prendre un peu de graisse d'ours, de pléreau, de sanglier, et d'un petit enfant qui n'afoir pas été paptisé, car cela être très-fort essentiel, et ensuite faire une chandelle et la mettre dans la main de gloire à l'heure et à la minute, et afec les cérémonies convenables; alors quiconque chercher les trésors, ne pas jamais les troufer.

—J'attesterais par serment cette conclusion, dit l'antiquaire. Et est-ce l'usage en Westphalie, M. Dousterswivel, de se servir de cet élégant candélabre?

—Toujours, mon pon monsieur, quand fous fouloir que pas personne parler de quoi fous faire; et c'être ce que les moines afoir toujours fait, quand eux cacher leur argenterie d'église, leurs calices, leurs pagues et leurs pierres précieuses.

— Mais cependant, vous autres chevaliers rosecroix, vous aviez sans doute les moyens de rompre le charme, et de découvrir ce que les pauvres moines avaient pris tant de peine à cacher?

—Ah! mein herr Oldenbuck, répondit l'adepte en remuant la tête d'un air mystérieux, fous être fort dur à croire; mais si fous afoir fu les pelles pièces d'argenterie si massives, sir Arthur; si pien trafaillées, miss Wardour; et la croix d'argent, votre référence, que nous afoir trouvée Schrœpfer et moi, pour mein herr Freygraff, paron Von Blunderhaus, moi croire peaucoup que fous alors poufoir être moins incrédule.

—Il est certain que voir conduit à croire; mais comment vous y prîtes-vous? quels moyens employâtes-vous?

—Ah! mon pon monsieur, c'être mon petit secret, ma propriété, voyez-vous. Vous me pardonner, si pas vous le dire; mais moi poufoir fous dire qu'il y afoir plusieurs moyens pour cela. Par exemple, un rêve que fous faire trois fois, c'être un pien pon moyen.

—J'en suis ravi, dit Oldbuck en jetant un coup d'œil

à la dérobée à Lovel; car j'ai un ami qui est à cet égard particulièrement favorisé par Morphée.

—Ensuite il y afoir les sympathies et les antipathies, les propriétés étranges et les fertus naturelles de différentes plantes, et de la baguette divinatoire.

—Je voudrais voir quelqu'une de ces merveilles, au lieu d'en entendre parler, dit miss Wardour.

—Ah! mais, honoraple jeune demoiselle, ce n'être pas ici le temps ni le moyen pour découfrir les trésors cachés de l'Église; mais pour fous opliger, ainsi que sir Arthur mon patron, le référend ecclésiastique, le pon M. Oldenbuck, et M. Lovel qui être un fort prafe jeune gentilhomme, moi fous faire foir qu'il être possiple, très-possiple de découvrir une source d'eau, une petite fontaine cachée sous terre, sans pelle, sans pioche, et sans oufrir le sol.

—Ouais! dit l'antiquaire; j'ai entendu parler de ce tour de gibecière. Cette recette ne fera pas fortune en ce pays; vous devriez la porter en Espagne ou en Portugal, vous y en tireriez meilleur parti.

—Ah! mon pon M. Oldenbuck, il y afoir là l'inquisition et les auto-da-fé; moi pas fouloir être brûlé comme sorcier, quand moi n'être que philosophe.

—Si on le brûlait en cette qualité, dit Oldbuck à Lovel à voix basse, ce serait vouloir perdre des fagots; mais si on l'attachait au pilori comme un des plus impudens coquins qui aient jamais eu le don de la parole, le châtiment ne serait que proportionné à son mérite. Mais, voyons, je crois qu'il va nous tirer quelque pièce de son sac.

Dans le fait, l'adepte était entré dans un petit bois taillis à quelque distance des ruines, et il paraissait très-occupé à chercher une baguette qui pût servir à la célébration de ses mystères. Après en avoir coupé, examiné, et rejeté plusieurs, il en prit enfin une de coudrier, terminée en fourche, et vint annoncer qu'elle possédait la vertu nécessaire pour l'expérience qu'il allait faire. Tenant de chaque main, entre un doigt et le pouce, le bout fourchu de la baguette, et la maintenant droite, il parcourut les ruines, suivi du reste de la compagnie.

—Moi croire qu'il n'y afoir point d'eau ici, dit-il après avoir fait le tour de plusieurs bâtimens détruits, sans remarquer aucun des signes auxquels il prétendait s'attendre. Moi croire que ces moines d'Écosse afoir troufé l'eau trop froide pour le climat, et avoir toujours pu du pon fin du Rhin. Ah! ah! foyez! — et les spectateurs virent la baguette tourner dans ses doigts, quoiqu'il eût l'air de la tenir très-serrée.—Pien sûr, dit-il, il y afoir de l'eau ici aux enfirons. — Et tournant de côté et d'autre, suivant que l'agitation de la baguette semblait augmenter ou diminuer, il arriva au milieu de ce qu'on pouvait appeler un appartement, puisque des restes de murailles s'élevaient encore sur les fondations; c'était autrefois la cuisine du prieuré. Là la baguette se tortilla au point de se pencher presque directement vers la terre. — Ici être la place, dit l'adepte. Si fous ne pas trouver de l'eau ici, moi fous donner la permission de m'appeler un impudent coquin.

—Qu'on trouve de l'eau ou non, dit tout bas l'antiquaire à Lovel, c'est une permission que je prendrai.

Un domestique, qui avait suivi nos curieux pour porter quelques rafraîchissemens dans un panier, fut envoyé chez un bûcheron qui demeurait à peu de distance, pour se procurer quelques travailleurs armés de pioches et de pelles. Le bûcheron vint avec ses deux fils; et quand ils eurent déblayé environ deux pieds de gravas, on aperçut l'eau, à la grande satisfaction du philosophe, à la surprise non moins grande des deux demoiselles, du ministre, de sir Arthur et de Lovel, et à la confusion de l'antiquaire. Celui-ci ne manqua pourtant pas de faire, à l'oreille de son jeune ami, une protestation contre ce miracle. — Tout cela n'est qu'une fourberie, dit-il; le drôle, de manière ou d'autre, connaissait d'avance l'existence de cet ancien puits, et c'est d'après cette assurance qu'il a fait ce tour de jonglerie mystique. Faites attention à ce qu'il va dire; car ou je me trompe fort, ou ceci n'est que le prélude de quelque fourberie plus sérieuse. Voyez comme le coquin prend un air d'importance, comme il est glorieux du succès qu'il a obtenu, et comme le pauvre sir Arthur se laisse abuser par le jargon ridicule que ce charlatan vient de débiter comme des principes des sciences occultes!

—Fous foir, mon pon patron, ainsi que fous, mes pelles dames, et fous, digne docteur Plattergowl, et fous-mêmes, MM. Lofel et Oldenbuck, si fous fouloir foir, que l'art n'afoir d'autre ennemi que l'ignorance. En foyant cette petite baguette de coudrier, fous tous convenir qu'elle n'être ponne à rien, à rien qu'à fouetter un petit enfant...

—S'il s'agissait de toi, murmura l'antiquaire à voix basse, je préférerais un manche à balai garni de neuf bonnes lanières.

—Mais si fous la mettre entre les mains d'un philosophe, paf! elle faire la grande découferte. Mais tout cela n'être rien, sir Arthur; rien du tout, mes aimaples dames; rien, docteur Plattergowl; rien, M. Lofel, et

2.

mein herr Oldenbuck, en comparaison de ce que l'art poufoir faire. Ah! si moi troufer un homme de courage et de résolution, moi lui faire foir des choses bien meilleures que de l'eau; moi lui faire foir...

—Mais, pour lui faire voir toutes ces belles choses, dit l'antiquaire, il vous faudrait sans doute de l'argent?

—Une pagatelle, une fétille, pas mériter d'en parler.

—Je m'en doutais, reprit Oldbuck. Quant à moi, je vais, en attendant, et sans baguette divinatoire, vous faire voir un excellent pâté de venaison, et une bouteille de vieux madère. Je crois que toute la science de M. Dousterswivel ne pourrait nous offrir rien de mieux.

Les provisions furent étalées *fronde super viridi*, comme le dit l'antiquaire, sous les branches touffues d'un vieux chêne nommé le *chêne du prieur;* et chacun s'étant assis en cercle, on fit honneur au repas champêtre (1).

(1) La vignette de ce volume représente l'abbaye de Sainte-Ruth d'Aberbrothock. — Éd.

CHAPITRE XVIII.

> « Tel un griffon ailé poursuit d'un vol rapide
> » L'ennemi déloyal dont la ruse perfide
> » A su lui dérober l'or qu'il devait garder ;
> » Tel le roi des enfers..... »
>
> MILTON, *Paradis perdu*.

Lorsque la collation fut finie, sir Arthur fit retomber la conversation sur les mystères de la baguette divinatoire, sujet dont il s'était déjà entretenu plus d'une fois avec Dousterswivel.—Mon ami M. Oldbuck, dit-il, serait maintenant préparé à écouter avec plus de respect l'histoire des découvertes que vous et vos confrères, M. Dousterswivel, avez faites en Allemagne.

—Ah! sir Arthur, ce n'être pas une chose à raconter devant ces messieurs, parce que c'être le manque de crédulité, de foi, qui faire échouer les grandes entreprises.

—Du moins, ma fille peut lire la relation qu'elle a composée de l'histoire de Martin Waldeck.

— Ah! c'être une histoire très-féritable; mais miss Wardour être si pleine d'esprit et de malice, qu'elle en afoir fait un roman, aussi pien que Goethe et Wieland, sur mon honoraple parole.

— Pour dire la vérité, M. Dousterswivel, dit miss Wardour, le romanesque l'emportait tellement sur le probable dans cette légende, qu'il était impossible qu'une main amie du merveilleux y touchât sans la rendre parfaite dans son genre. Au surplus, la voici; et si vous n'aviez pas dessein de quitter cet ombrage avant que la grande chaleur du jour soit passée, et que vous voulussiez bien avoir de l'indulgence pour mon ouvrage, sir Arthur ou M. Oldbuck auraient peut-être la complaisance d'en faire la lecture.

— Ce ne sera pas moi, dit sir Arthur, car je suis enrhumé.

— Ni moi, dit Oldbuck, car j'ai oublié mes lunettes; mais voici Lovel, qui a de bons yeux et une bonne voix. Quant à M. Blattergowl, je sais qu'il ne lit jamais, de peur qu'on ne le soupçonne de lire ses sermons.

Cette tâche fut donc imposée à Lovel, qui reçut avec un certain tremblement, comme Isabelle lui remit avec quelque embarras, le manuscrit tracé par cette belle main dont la possession lui semblait le plus grand bonheur auquel il pût aspirer sur la terre. Mais il sentit la nécessité de cacher son émotion, et ayant jeté les yeux quelques instans sur le manuscrit, comme pour se familiariser avec l'écriture, il reprit assez de calme pour lire ce qui suit:

LES AVENTURES DE MARTIN WALDECK.

Les solitudes de la forêt de Hartz, en Allemagne, et surtout les montagnes nommées Blockberg, ou plutôt Brockenberg, sont la scène privilégiée des contes où figurent des sorcières, des démons et des apparitions. La plupart des habitans de ce canton étant bûcherons ou mineurs, leur genre de vie les rend plus accessibles aux superstitions vulgaires, et ils attribuent souvent au pouvoir de la magie ou à l'intervention des esprits les phénomènes naturels qui frappent leurs yeux dans la solitude de leurs bois ou dans la profondeur des mines. Parmi les différentes fables qui courent dans ce pays sauvage, la plus répandue est celle qui suppose que la forêt de Hartz est habitée par un démon qu'on représente sous la forme d'un homme de taille gigantesque, portant une couronne et une ceinture de feuilles de chênes, et tenant en main un pin arraché de terre avec ses racines. Il est certain qu'un grand nombre de personnes prétendent l'avoir vu du fond d'un vallon se promener ainsi sur le penchant d'une montagne; et le fait de cette apparition est si généralement admis, que le scepticisme moderne ne trouve d'autre excuse, pour refuser d'y croire, que de l'attribuer à une illusion d'optique.

Dans les anciens temps ce démon avait un commerce plus fréquent avec les habitans; et suivant les traditions du pays, il intervenait souvent dans les affaires des mortels, avec le caprice assez ordinaire à cette classe d'êtres, c'est-à-dire tantôt pour leur nuire, tantôt pour leur être utile. Mais on remarquait qu'avec le temps ses dons devenaient funestes, même à ceux qu'il favorisait. Les pasteurs, en faisant de longs sermons pour l'instruction de leurs ouailles, prenaient souvent pour texte l'importance de n'avoir aucunes relations directes ni indirectes avec le démon de Hartz; et les vieillards ont souvent raconté à leurs enfans l'histoire de Martin Waldeck, quand ils les voyaient rire d'un danger qui leur paraissait imaginaire.

Un missionnaire capucin s'était mis en possession de la chaire de l'église couverte en chaume d'un petit hameau nommé Morgenbrodt, situé dans la forêt de Hartz. De là il tonnait contre la corruption des habitans et contre les communications qu'ils avaient avec des sorcières, des esprits, des fées, et surtout avec le détestable démon de Hartz. La doctrine de Luther avait déjà commencé à se répandre dans les campagnes; car on place cette aventure sous le règne de Charles V, et les paysans ne firent que rire du zèle que déployait le révérend père. Mais sa véhémence augmentait en proportion du mépris qu'on y opposait, et le mépris en proportion de la véhémence. Les habitans n'aimaient point qu'on confondît un démon paisible, auquel ils étaient habitués, qui avait habité le Brockenberg depuis des siècles, avec Belphégor, Astaroth et même Belzébut, et qu'on le condamnât sans miséricorde à être précipité dans l'abîme sans fond. La crainte que le démon ne se vengeât sur eux de la condamnation portée contre lui en leur présence d'une manière si peu libérale, se joignit à l'intérêt qu'ils lui portaient de temps immémorial. — Un missionnaire capucin, dirent-ils, qui est ici aujourd'hui, et qui demain sera ailleurs, peut dire tout ce que bon lui semble; mais ce sera nous, nous les anciens et constans habitans du pays, qui paierons pour lui. — Ces réflexions portèrent l'irritation dans leurs esprits; ils ne s'en tinrent plus à des propos injurieux, ils prirent des pierres, et, les jetant à la tête du capucin, ils le chassèrent du pays en lui disant d'aller prêcher ailleurs contre les démons.

Trois jeunes gens qui avaient été spectateurs et acteurs dans cette scène retournaient dans leur hutte, où ils s'occupaient à réduire du bois en charbon. Chemin faisant, la conversation tomba naturellement sur le démon de Hartz, et sur le sermon du capucin. Max et Georges Waldeck, les deux frères aînés, tout en convenant que le missionnaire avait été indiscret et blâmable d'oser prononcer sur la nature et le caractère de l'esprit de Hartz, soutinrent pourtant qu'il était dangereux au plus haut degré d'accepter ses dons et d'avoir avec lui aucune communication. Ils reconnaissaient qu'il était puissant, mais il était en même temps fantasque et capricieux, et ceux qui avaient eu des relations avec lui avaient rarement fait une bonne fin. N'avait-il pas donné à ce brave chevalier Ecbert de Rabenwald ce fameux coursier noir, grace auquel il avait vaincu tous ses concurrens au grand tournoi de Brême? et ce même coursier ne s'était-il pas précipité avec son maître dans un abîme si profond qu'on n'avait jamais eu de nouvelles du cheval ni du cavalier? N'avait-il pas donné à dame Gertrude Trodden un charme pour faire prendre le beurre, et n'avait-elle pas été brûlée comme sorcière, par ordre du grand juge criminel de l'électorat, pour avoir fait usage de ce secret? Mais tous ces exemples, et plusieurs autres qu'ils citèrent encore des funestes bienfaits du démon de Hartz, ne firent aucune impression sur l'esprit de Martin Waldeck, le plus jeune des trois frères.

Martin était un jeune homme téméraire, impétueux, et excellant dans tous les exercices qui distinguent les montagnards, et d'une bravoure à toute épreuve, parce qu'il était familiarisé avec les dangers qu'ils courent en gravissant les rochers. Il ne fit que rire de la timidité de ses frères. — Ne me contez pas de telles sottises, leur dit-il; ce démon est un bon démon; il vit au milieu de nous comme s'il n'était qu'un paysan; il gravit les rochers, et court sur les montagnes comme s'il chassait ou gardait des chèvres; et puisqu'il aime la forêt de Hartz et ses sites sauvages, il ne peut être indifférent au sort de ceux qui habitent les mêmes lieux. Mais quand il serait aussi méchant que vous le faites, quel pouvoir peut-il avoir sur ceux qui ne font que se servir de ses dons sans contracter aucun engagement envers lui? Quand vous portez votre charbon à la fonderie, l'argent que vous donne le surintendant, ce vieux Blaise qui ne fait que blasphémer, n'est-il pas aussi bon que si vous le receviez du pasteur lui-même? Ce ne sont donc pas les dons du démon qui peuvent vous mettre en danger, mais c'est de l'usage que vous en faites que vous demeurez comptable. Quant à moi, s'il m'apparaissait en ce moment, et qu'il me montrât une mine d'or ou d'argent, je me mettrais à creuser la terre avant qu'il eût le dos tourné; et tant que je ferais un bon usage des richesses qu'il m'aurait procurées, je me croirais sous la protection d'un être bien plus puissant que lui.

L'aîné de ses frères lui répondit qu'on faisait rarement un bon usage d'un bien mal acquis, et Martin eut la présomption de répliquer que la possession de tous les trésors de la forêt de Hartz ne produirait pas le moindre changement dans ses habitudes, dans ses mœurs ni dans son caractère.

Max lui conseilla de parler d'un pareil sujet avec plus de réserve, et ce ne fut pas sans peine qu'il parvint à en détourner son attention en lui rappelant une partie de chasse aux ours qu'ils avaient projetée. Cet entretien les conduisit jusqu'à leur hutte, misérable chaumière qui était située sur le penchant d'une colline, dans une vallée étroite et romantique, dans le cœur des mongnes de Brockenberg. Ils relevèrent leur sœur, qui s'était chargée, pendant leur absence, de veiller à la réduction du bois en charbon, opération qui demande une attention continuelle, et se partagèrent le même soin pour la nuit, suivant leur coutume, deux d'entre eux dormant tandis que le troisième était à l'ouvrage.

Max Waldeck, l'aîné, chargé de veiller les deux premières heures, fut fort alarmé en apercevant, sur une colline située en face de leur chaumière, un grand feu autour duquel plusieurs personnes semblaient tourner en faisant des gestes bizarres. Il pensa d'abord à appeler ses frères, mais, songeant au caractère entreprenant du plus jeune, et craignant de ne pouvoir éveiller Georges sans troubler en même temps le sommeil de Martin, pensant aussi que ce qu'il voyait pouvait être une illusion du démon, produite peut-être à cause des propos inconsidérés que son frère cadet avait tenus la soirée précédente, il crut ne pouvoir mieux faire que de recourir à la prière, et d'attendre avec inquiétude et terreur la fin de cette étrange et alarmante vision. Le feu, après avoir brillé quelque temps, s'éteignit peu à peu; l'obscurité y succéda, et pendant le reste du temps qu'il devait encore veiller, il ne fut plus troublé que par le souvenir de ce qu'il avait vu.

Georges prit alors la place de Max, qui alla se coucher à son tour. Le phénomène d'un grand feu allumé sur la colline en face se présenta à ses yeux comme à ceux de son frère. Autour de la flamme étaient aussi des figures qui, alternativement placées entre la chaumière et le feu, étaient faciles à distinguer, gesticulant comme si elles étaient occupées de quelque cérémonie mystique. Quoique aussi prudent que son frère aîné, Georges était d'un caractère plus hardi. Il résolut donc d'examiner de plus près cette merveille; et, ayant traversé un petit ruisseau qui coulait dans le vallon, il s'approcha du feu à la distance d'un trait de flèche, et le vit encore briller du même éclat.

Les êtres qui l'entouraient ressemblaient à ces fantômes que des rêves nous présentent, et leur vue le confirma dans l'idée qu'il avait eue d'abord qu'ils appartenaient à un autre monde. Parmi ces figures étranges, il distingua un géant velu, tenant en main un pin arraché avec ses racines, dont il semblait se servir de temps en temps pour attiser le feu, et sans autres vêtemens qu'une couronne et une ceinture de feuilles de chênes. Georges sentit son cœur défaillir en reconnaissant le démon de la forêt de Hartz, tel qu'on en faisait la description, d'après les bergers et les chasseurs qui l'avaient vu autrefois traverser les montagnes. Il retourna sur ses pas en prenant la fuite; mais en y réfléchissant il se reprocha sa lâcheté, et, récitant tout bas le psaume : « Que tous les peuples bénissent le Seigneur, » il reprit le chemin de la colline où il avait vu le feu, mais, à sa grande surprise, il n'en existait plus aucune trace.

Les pâles rayons de la lune éclairaient la vallée ; et quand Georges, le front couvert d'une sueur froide, et les cheveux hérissés, fut arrivé tout tremblant à l'endroit sur lequel il avait aperçu le feu, et remarquable par un grand chêne qui semblait au milieu des flammes, il ne trouva pas le plus léger vestige de tout ce qu'il avait cru voir. La mousse, le gazon, les fleurs sauvages, tout était intact, et les feuilles du grand chêne étaient humides de gouttes de rosée.

Il retourna à la hutte en tremblant, et raisonnant comme son frère aîné, il résolut de ne point parler de ce qu'il avait vu, de peur d'éveiller en Martin une curiosité entreprenante, qu'il regardait presque comme une impiété.

C'était alors le tour de Martin de veiller. Le coq de la petite basse-cour venait déjà d'annoncer que la nuit ne tarderait pas à faire place à l'aurore. Il examina l'état de la fournaise où le bois était déposé pour être réduit en charbon, et fut surpris de voir que le feu n'avait pas été suffisamment entretenu ; car l'excursion de Georges et le spectacle étonnant dont il avait été témoin lui avaient fait oublier ce qui devait être son principal soin. Sa première pensée fut d'appeler ses frères ; mais voyant qu'ils dormaient profondément, il respecta leur sommeil, et fournit au feu de nouveaux alimens sans demander l'aide de personne. Mais le bois qu'il prit était apparemment vert ou humide ; car bien loin de ranimer le feu, il parut diminuer encore son reste d'activité. Il courut sur-le-champ chercher du bois bien sec, mis en réserve pour de pareilles occasions ; mais quand il revint, il trouva le feu tout-à-fait éteint : c'était un accident sérieux, et dont la suite pouvait être la perte d'une de leurs journées de travail. Fort contrarié de cet événement, il se mit à battre le briquet; mais l'amadou avait pris de l'humidité, et tous ses efforts furent inutiles. Il allait alors appeler ses frères, car la circonstance semblait pressante, quand une lumière subite se répandant dans la hutte par la fenêtre et par les crevasses des murs, il en ouvrit la porte, et vit le même phénomène qui avait alarmé Max et Georges.

Sa première idée fut que les Muhllerhaussers, avec lesquels ils avaient eu plusieurs querelles causées par la jalousie de métier, avaient empiété sur leurs limites pour marauder dans cette portion du bois. Il pensa de nouveau à éveiller ses frères pour aller punir ces audacieux voisins, mais en considérant les gestes de ceux qui semblaient travailler au feu, il changea d'opinion, et quoique un peu sceptique en pareilles matières, il conclut qu'il voyait un phénomène surnaturel. — Que ce soient des hommes ou des esprits, dit l'intrépide jeune homme, et quelle que soit la besogne dont ils s'occupent, j'irai leur demander du feu pour rallumer notre fournaise. Il renonça en même temps à l'idée d'éveiller ses frères. On croyait généralement qu'il fallait être seul pour réussir dans des aventures semblables à celle qu'il allait entreprendre ; il craignait aussi que la timidité scrupuleuse de ses frères ne s'opposât à la résolution qu'il avait formée. Prenant donc un long épieu à chasser les ours suspendu à la muraille, il partit seul, résolu de mettre à fin cette aventure.

Avec le même succès que son frère Georges, mais avec un courage beaucoup plus ferme, Martin traversa le ruisseau, monta sur la colline, et s'avança si près de cette étrange assemblée, qu'il reconnut dans l'être qui semblait y présider tous les attributs du démon de Hartz. Il fut saisi d'un frisson pour la première fois de sa vie; mais il se rappela qu'il avait désiré plus d'une fois l'occasion qui se présentait; cette pensée ranima son courage, et, trouvant dans son amour-propre la résolution qui commençait à lui manquer, il s'avança du côté du feu avec assez de fermeté, les êtres qui étaient à l'entour lui semblant prendre un caractère plus bizarre, plus fantastique, plus surnaturel, à mesure qu'il en approchait. Il fut accueilli par de grands éclats de rire, dont les sons discordans et extraordinaires parurent à ses oreilles étourdies plus alarmans que la combinaison des sons les plus funèbres et les plus mélancoliques qu'on puisse imaginer.

— Qui es-tu? lui demanda le géant, cherchant à donner à ses traits hideux un air de gravité forcée que déconcertait souvent, comme malgré lui, un accès de rire sardonique.

— Martin Waldeck le charbonnier, répondit l'audacieux jeune homme. Et vous-même, qui êtes-vous?

— Le maître des montagnes et des mines. Et comment as-tu osé venir troubler mes mystères?

— Je viens chercher du feu pour rallumer ma fournaise. Et il lui demanda à son tour avec hardiesse : Et quels sont ces mystères que vous célébrez ici?

— Nous célébrons, répondit le démon complaisant, les noces d'Hermès avec le dragon noir. Mais prends le feu que tu viens chercher, et va-t'en. Nul mortel ne peut nous voir long-temps sans périr.

Martin enfonça la pointe de son épieu dans une grosse pièce de bois bien enflammée, et, l'ayant soulevée non sans peine, il reprit le chemin de sa hutte au milieu des éclats de rire qui se renouvelèrent avec une triple violence, et qui firent retentir toute la vallée. Arrivé dans sa chaumière, son premier soin, quelque occupé qu'il fût de ce qu'il venait de voir, fut de placer sa pièce de bois enflammée au milieu du bois sec pour rallumer le feu de sa fournaise; mais en dépit de tous ses efforts, et malgré le secours d'un excellent soufflet de forge, la pièce de bois embrasée finit par s'éteindre, sans avoir mis le feu à une seule allumette. Il se retourna, et vit que le feu brillait encore sur la colline, quoiqu'il parût abandonné par tous les êtres qui l'entouraient auparavant. S'imaginant que le démon avait voulu lui jouer un tour, il se livra à son audace naturelle; et, décidé à voir la fin de cette aventure, il retourna sur la colline, y prit un second tison enflammé sans éprouver aucune opposition, mais ne réussit pas mieux à rallumer son feu. L'impunité augmentant sa hardiesse, il résolut de faire une troisième épreuve, et réussit encore à arriver jusqu'au feu et à y prendre de la même manière un gros morceau de bois embrasé; mais comme il s'en allait, il entendit la même voix qui lui avait déjà parlé prononcer ces paroles: — Garde-toi bien de revenir ici une quatrième fois!

Les nouveaux efforts qu'il fit pour rallumer son feu n'ayant pas eu plus de succès, Martin y renonça, et, se jetant sur son lit de feuilles, il résolut d'attendre le jour pour communiquer à ses frères tout ce qui lui était arrivé. La fatigue de corps et l'agitation d'esprit ne tardèrent pas à l'endormir, et il fut réveillé par de grands cris de joie et de surprise. Ses frères, en s'éveillant, étonnés de trouver le feu éteint, avaient retiré le bois de la fournaise afin de l'arranger pour le rallumer plus facilement, et avaient trouvé dans les cendres trois énormes lingots de métal : les connaissances en minéralogie que la pratique donne à presque tous les habitans de ce canton leur avaient fait reconnaître sur-le-champ que c'était de l'or le plus pur.

Leurs transports se calmèrent un peu quand Martin leur eut appris de quelle manière ce trésor se trouvait en leur possession ; car ce qu'ils avaient vu eux-mêmes ne leur permettait pas de douter de la vérité de cette aventure. Mais ils ne purent résister à la tentation de partager la bonne fortune de leur frère. Se regardant alors comme le chef de la famille, Martin Waldeck acheta des terres et des forêts, fit construire un château, obtint des lettres de noblesse, et fut investi des mêmes privilèges que les plus nobles barons du voisinage, au grand déplaisir de ceux-ci. Son courage dans la guerre, ainsi que dans les querelles particulières qu'il eut à soutenir, le maintint contre la haine à laquelle l'exposèrent son élévation soudaine et ses prétentions arrogantes. Mais Martin Waldeck fournit bientôt un nouvel exemple qui prouve combien peu les hommes sont en état de prévoir l'influence qu'aura sur leurs mœurs une prospérité soudaine. Ses mauvaises inclinations, que sa pauvreté avait arrêtées, se développèrent; la tentation et le moyen d'y céder leur firent porter de funestes fruits. Une passion en éveilla une autre; le démon de l'avarice évoqua celui de l'orgueil, et l'orgueil appela à son aide l'oppression et la cruauté.

Le caractère de Martin Waldeck, toujours audacieux et entreprenant, mais rendu plus dur et plus insolent par la prospérité, attira bientôt sur lui la haine non-seulement de la noblesse, mais encore des classes inférieures, qui voyaient avec une double indignation les droits les plus oppressifs de la féodalité exercés sans remords et dans toute leur rigueur par un homme sorti de la poussière. Son aventure, quoique cachée avec grand soin, commençait aussi à être connue, et le clergé traitait déjà de sorcier et de complice des démons le misérable qui, ayant obtenu un trésor presque inépuisable par des moyens si étranges, n'en avait pas consacré une partie à l'Église pour sanctifier le reste. Entouré d'ennemis publics et privés, ayant des querelles avec tous ses voisins, et menacé d'excommunication, Martin, ou pour mieux dire le baron Von Waldeck, comme on l'appelait alors, regretta plus d'une fois bien amèrement les travaux et les plaisirs d'une pauvreté qui n'excitait pas l'envie. Mais le courage ne lui manqua jamais; il semblait même en puiser davantage dans les dangers qui s'accumulaient autour de lui. Un incident imprévu accéléra sa chute.

Une proclamation du duc régnant de Brunswick avait invité à un grand tournoi tous les nobles allemands de naissance libre et honorable. Martin Waldeck, couvert d'armes magnifiques, accompagné de ses deux frères, et suivi d'une escorte nombreuse somptueusement équipée, eut l'insolence de se montrer au milieu des chevaliers assemblés, et de demander à entrer en lice. Cette démarche fut considérée comme comblant la mesure de sa présomption. Mille voix s'écrièrent qu'il ne fallait pas souffrir qu'un ancien remueur de cendres se mêlât aux jeux de la chevalerie. Irrité jusqu'à la fureur, Martin tira son épée, et en frappa le héraut qui, sur la réclamation universelle, s'opposait à ce qu'il entrât dans la lice. Cent épées sortirent en même temps du fourreau pour punir une violence qu'on regardait alors comme un crime qui ne le cédait en noirceur qu'au sacrilège et au régicide. Waldeck, après s'être défendu comme un lion, fut enfin saisi, traduit devant les maréchaux du tournoi, jugé sur le lieu même, et condamné, en réparation de l'attentat qu'il avait commis en violant la paix publique et en frappant la personne sacrée d'un héraut d'armes, à avoir la main droite coupée, à être dégradé du rang de la noblesse, dont il était indigne, et à être chassé de la ville. Quand, dépouillé de ses armes, il eut subi cette sentence sévère, il fut abandonné à la populace, qui suivit cette malheureuse victime de l'ambition en poussant de grands cris, l'appelant magicien et oppresseur, et qui, après l'avoir insulté par les propos les plus injurieux, finit par le maltraiter de toutes les manières. Son escorte avait pris la fuite et s'était dispersée. Cependant ses deux frères parvinrent à le tirer des mains de la canaille qui se faisait un plaisir de le tourmenter, lorsque ayant rassasié sa soif de vengeance elle le vit succomber sous les mauvais traitemens dont elle l'accablait, et tomber épuisé par la perte de son sang. La cruauté de ses ennemis fut pourtant assez ingénieuse pour ne permettre encore qu'on ne le transportât que sur un chariot à charbon semblable à celui qu'il avait autrefois conduit lui-même. Ses frères l'y placèrent sur une botte de paille, espérant à peine pouvoir le conduire en un lieu de sûreté avant que la mort eût mis fin à ses maux.

Lorsque les Waldeck, voyageant de cette manière misérable, arrivèrent dans les environs de leur pays natal, ils aperçurent de loin, dans un défilé situé entre deux montagnes, quelqu'un qui s'avançait vers eux, et qu'ils prirent d'abord pour un vieillard. Mais à mesure que cet inconnu s'approchait, sa taille croissait, son manteau disparut de dessus ses épaules, son bourdon de pèlerin devint un pin arraché avec les racines, et le démon gigantesque de la forêt de Hartz parut à leurs yeux et les frappa de terreur. Quand il arriva en face du chariot sur lequel était le malheureux Waldeck, ses traits prirent l'expression d'un souverain mépris et d'une malignité satisfaite, et il demanda à Martin : — Comment trouves-tu le feu que mon bois a allumé? La vue de cet être redoutable rendit les deux frères immobiles d'effroi, et ranima au contraire, les forces du mourant. Il se souleva, ferma le poing de la main qui lui restait, et en menaça l'esprit. Le démon poussa, selon son usage, un éclat de rire sardonique, et disparut à leurs yeux, laissant Waldeck épuisé par ce dernier effort de la nature défaillante.

Les frères, frappés d'épouvante, se dirigèrent alors vers les tours d'un couvent qui s'élevaient dans un bois de pins près de la route. Ils y furent charitablement reçus par un capucin à pieds nus et à longue barbe, et Martin ne vécut que le temps nécessaire pour se confesser de ses fautes, ce qui ne lui était point arrivé depuis les jours de sa prospérité soudaine, et pour en recevoir l'absolution des mains de ce même prêtre qu'il avait aidé à chasser à coups de pierres du hameau de Morgenbrodt, trois ans auparavant jour pour jour. On crut que ces trois années d'une félicité précaire avaient un rapport mystérieux avec le nombre de voyages que Martin avait faits sur la colline où brûlait un feu surnaturel.

Le corps de Martin Waldeck fut enterré dans le couvent où il expira, et où ses frères, ayant pris l'habit de l'ordre, vécurent et moururent occupés d'œuvres de dévotion et de charité. Ses terres, sur lesquelles personne n'éleva de prétentions, restèrent incultes jusqu'à ce que l'empereur en prit possession comme d'un fief dévolu à la couronne, et les ruines du château auquel il avait donné son nom sont encore redoutées par le mineur et le bûcheron, qui n'osent en approcher et qui prétendent qu'elles servent de retraite à de mauvais esprits. C'est ainsi que Martin Waldeck offrit en sa personne un exemple des maux attachés à une richesse mal acquise et dont on fait un mauvais usage.

CHAPITRE XIX.

> « ...... Mon cher cousin le brave capitaine
> » A fièrement reçu notre jeune soldat !
> » Et pourquoi cependant ce funeste débat ?
> » Pour une bagatelle, un rien, une vétille.
> » Sur un nom, sur un grade on s'est cherché castille. »
>
> La Querelle.

L'auditoire avait écouté cette légende avec attention, et remercia miss Wardour, comme la politesse l'exigeait. Oldbuck seul secoua la tête, et dit que la science d miss Wardour pouvait se comparer à celle des alchimistes, attendu qu'elle avait su tirer une saine morale d'une légende ridicule et absurde. — On prétend que c'est la mode d'admirer ces fictions extravagantes, ajouta-t-il ; quant à moi, j'ai le cœur d'un Anglais,

> « Et pour m'épouvanter les esprits et les ombres
> » Ne sortiront jamais de leurs demeures sombres. »

— Afec fotre permission, mon bon M. Oldenbuck,

dit l'Allemand, miss Wardour afoir pien certainement tiré de pon or de cette histoire comme de tout ce qu'elle touche. Mais l'histoire du démon de Hartz ayant un grand arpre pour canne, et portant des feuilles sur la tête et à la ceinture, être parfaitement fraie, aussi fraie que moi honnête homme.

— On ne peut plus en douter avec une telle garantie, dit sèchement l'antiquaire. Mais en ce moment l'arrivée d'un étranger interrompit la conversation.

Cet étranger était un beau jeune homme d'environ vingt-cinq ans, en petit uniforme, et martial dans son air et dans sa tournure. Il fut reconnu sur-le-champ par la plus grande partie de la compagnie.

— Mon cher Hector! s'écria miss Mac-Intyre en se levant et en lui prenant la main.

— Hector, fils de Priam, s'écria l'antiquaire. Et d'où venez-vous, mon neveu?

— Du comté de Fife, mon oncle, répondit le jeune homme. Et ayant salué avec politesse toute la compagnie, et particulièrement sir Arthur et sa fille : — En me rendant à Monkbarns pour vous voir, ajouta-t-il, j'ai appris d'un domestique que je vous trouverais ici avec sir Arthur, et je me suis hâté d'y venir pour avoir le plaisir de saluer en même temps d'anciens amis.

— Et de faire connaissance avec un nouveau, mon brave Troyen, dit Oldbuck. M. Lovel, voici mon neveu, le capitaine Mac-Intyre. Hector, je vous présente mon ami M. Lovel, qui, j'espère, sera aussi le vôtre.

Le jeune militaire fixa ses yeux pénétrans sur M. Lovel, et le salua avec plus de réserve que de cordialité. Celui-ci lui trouvant un air de froideur qui allait presque jusqu'au dédain, lui rendit son salut avec autant d'indifférence que de hauteur; et ce fût ainsi que, dès le premier instant de leur connaissance, chacun d'eux conçut contre l'autre un préjugé défavorable.

Les observations que fit Lovel pendant le reste du temps que dura encore cette partie de plaisir ne furent pas de nature à lui faire goûter davantage ce nouveau compagnon. Le capitaine Mac-Intyre se dévoua au service de miss Wardour avec toute la galanterie qu'on pouvait attendre de son âge et de sa profession, et saisit toutes les occasions possibles d'avoir pour elle ces petites attentions que Lovel aurait donné le monde entier pour lui prodiguer, ce qu'il n'osait de peur de lui déplaire. Ce fut donc tantôt avec une espèce de désespoir, tantôt avec dépit, qu'il vit le jeune et beau capitaine se mettre en possession de tous les privilèges de chevalier servant. Il présenta à miss Wardour ses gants, l'aida à mettre son schall, et ne la quitta pas de toute la promenade, toujours prêt à écarter du sentier les petits obstacles qui pouvaient s'y rencontrer, et à lui offrir le bras quand le chemin était escarpé ou difficile : sa conversation était toujours adressée à elle, et quelquefois même de manière à n'être entendue que d'elle. Lovel savait que cette conduite pouvait n'être que le résultat de cette galanterie inspirée par l'égoïsme, qui porte certains jeunes gens de nos jours à s'emparer de l'attention de la plus jolie femme d'une société, comme si les autres personnes qui la composent n'étaient pas dignes de ses regards. Mais il croyait remarquer dans les soins du capitaine Mac-Intyre quelque chose qui annonçait une prédilection particulière, capable d'éveiller la jalousie d'un amant. Miss Wardour recevait ses soins, et quoiqu'il fût assez juste pour convenir qu'ils étaient de nature à ne pouvoir être refusés sans affectation, les lui voir accepter n'en était pas moins une blessure cruelle pour son cœur.

L'humeur que lui causaient ces réflexions n'était pas propre à lui faire goûter la sécheresse des discussions de l'antiquaire, qui ne le quittait pas un instant, et il entendit, avec des mouvemens d'impatience qu'il avait peine à dissimuler, une longue dissertation sur tous les genres d'architecture claustrale depuis le style saxon si massif, jusqu'au gothique fleuri, et depuis le gothique proprement dit jusqu'à ce style d'architecture mixte, adopté sous le règne de Jacques Ier, époque à laquelle, dit M. Oldbuck, tous les ordres furent confondus; alors des colonnes de toute espèce s'élevèrent parallèles ou furent empilées les unes sur les autres, comme si toute idée de symétrie avait été oubliée et les vrais principes de l'art perdus dans une confusion nouvelle de toutes les règles. — Quoi de plus cruel, s'écria-t-il avec enthousiasme, que le spectacle de maux dont on est le témoin forcé sans avoir le pouvoir d'y remédier! — Lovel répondit à cette exclamation par un soupir involontaire. — Je vois, mon jeune et cher ami, reprit l'antiquaire, que votre cœur répond au mien, et que la vue de pareilles choses vous fait souffrir autant que moi. Les avez-vous jamais vues sans être tenté d'accélérer la fin de procédés si déshonorans?

— Déshonorans! répéta Lovel, tout entier à l'idée qui l'occupait; et en quoi?

— Je veux dire honteux pour leurs auteurs, et pour ceux qui en sont témoins.

— Où? comment?

— Par exemple, à Oxford, où un architecte ignorant

et barbare s'est avisé de réunir à grands frais les cinq ordres d'architecture sur la façade d'un seul édifice.

C'était ainsi qu'Oldbuck, sans se douter qu'il mettait Lovel à la torture, le forçait à lui accorder quelque attention, comme un pêcheur habile gouverne, par le moyen de la ligne, les mouvemens les plus désespérés de sa proie expirante.

Ils retournaient alors à l'endroit où ils avaient laissé les voitures, et nous ne saurions dire combien de fois, pendant ce court trajet, Lovel, fatigué du babil infatigable de son digne compagnon, donna intérieurement au diable de bon cœur, ou à quiconque aurait voulu le délivrer de l'ennui d'en entendre parler plus long-temps, tous les ordres et désordres de l'architecture inventés et combinés depuis la construction du temple de Salomon jusqu'à nos jours. Cependant un léger accident lui fit prendre patience, et calma un peu son déplaisir.

Miss Wardour et le jeune militaire qui s'était constitué son chevalier marchaient un peu en avant du reste de la société dans l'étroit sentier qu'ils suivaient. Isabelle, voulant probablement se réunir à ses autres amis, et peut-être rompre son tête-à-tête avec le capitaine, s'arrêta tout à coup et attendit M. Oldbuck. — Je désirerais, lui dit-elle, vous demander à quelle date remontent ces ruines intéressantes?

On ferait injure au jugement de miss Wardour si l'on supposait qu'elle ignorait qu'une pareille question amènerait une réponse d'une certaine longueur. L'antiquaire, tressaillant comme un cheval de bataille au son de la trompette, se lança tout à coup au milieu des argumens pour et contre la date de 1272, qu'un ouvrage récent sur les antiquités architecturales d'Écosse fixait comme celle de la construction du prieuré de Sainte-Ruth. Il lui débita les noms de tous les prieurs qui dirigèrent successivement cet établissement religieux, des nobles qui l'avaient enrichi par des donations, et des rois qui avaient reçu les honneurs funèbres dans cette église aujourd'hui détruite. Comme une allumette qui prend feu ne manque pas de le communiquer à celle qui la touche, le baronnet, entendant le nom d'un de ses ancêtres prononcé par Oldbuck, entra sur-le-champ dans le détail des guerres qu'il avait soutenues, des victoires qu'il avait remportées, des lauriers dont il s'était couvert; tandis que le docteur Blattergowl, à propos d'une concession de terres, *cum decimis inclusis tam vicariis quàm garbalibus et nunquàm anteà separatis*, entra dans une longue explication sur l'interprétation donnée à cette clause par la cour des dîmes, lors d'un procès qu'il avait soutenu récemment pour augmenter les revenus de sa cure. Les trois orateurs, semblables à des chevaux de course, se pressaient d'arriver chacun à son but, sans s'inquiéter s'ils gênaient la marche de leurs compétiteurs. M. Oldbuck haranguait, sir Arthur déclamait, le ministre prêchait, et le tout offrait un mélange bizarre du latin barbare des concessions féodales avec le jargon de l'art héraldique et le baragouin plus barbare encore qu'employait la cour des dîmes d'Écosse (1).

(1) *The tiends court.* La cour des dîmes, quoique formée des juges de la cour des sessions, a toujours exercé une juridiction distincte. Elle se réunit deux fois par mois : ses attributions sont de déterminer le transfert des dîmes, les revenus des ministres, la division d'une paroisse en deux, la construction des églises, etc.
Éd.

— C'était, s'écriait Oldbuck en parlant du prieur Adhémar, un prélat vraiment exemplaire, et d'après la rigidité de ses mœurs, la sévérité des pénitences qu'il s'imposait, la charité dont il faisait preuve en toute occasion, et les infirmités de son grand âge et de sa vie ascétique.......

Un accès de toux qui l'interrompit en ce moment permit d'entendre plus distinctement ce que sir Arthur disait d'un de ses ancêtres. — On lui avait donné le surnom de l'*Enfer en armes*. Son écu était fond de gueules, traversé par une bande noire que nous avons quittée depuis long-temps. Il périt à la bataille de Verneuil, en France, après avoir tué six Anglais de sa propre......

— Décret de certification, dit le ministre de ce ton lent, solennel et soutenu qui, quoique étouffé d'abord par les cris d'orateurs plus véhémens, promet à la longue d'obtenir l'ascendant sur eux ; — décret de certification ayant eu lieu, les parties étant regardées comme convaincues par leurs propres aveux, la preuve semblait être complètement claire, lorsque leur avocat demanda à faire entendre des témoins qui prouveraient que les champs dans lesquels ils avaient coutume de conduire leurs troupeaux étaient exempts de dîmes, ce qui n'était qu'une évasion ; car......

Mais ici l'accès de toux de M. Oldbuck étant passé, et le baronnet ayant repris haleine, ils se remirent à parler tous ensemble ; et les trois fils de la conversation, pour parler le langage d'un tisserand, se mêlèrent ensemble au point de ne pouvoir plus être distingués.

Cependant, quelque peu intéressant que fût ce jargon, il était évident que miss Wardour aimait mieux l'écouter que donner au capitaine Mac-Intyre l'occasion d'entamer de nouveau avec elle une conversation particulière. Après avoir attendu quelque temps avec un mécontentement que sa hauteur ne déguisait qu'en partie, celui-ci la laissa libre de se livrer à son mauvais goût ; et prenant sa sœur par le bras, il la retint un peu en arrière du reste de la compagnie.

— Je trouve, Marie, que votre voisinage n'est devenu ni plus animé ni moins savant depuis que je vous ai quittés.

— Il nous fallait votre patience et votre sagesse pour nous instruire, Hector.

— Grand merci, ma chère sœur. Mais il me semble que l'addition faite à votre société lui a fait gagner sinon plus de vivacité, au moins plus de sagesse qu'elle n'en avait perdu par l'absence de votre frère indigne. Qui est donc ce M. Lovel, si bien ancré dans les bonnes graces de notre vieil oncle, qui n'est pourtant pas dans l'habitude de faire tant d'accueil à des étrangers ?

— M. Lovel, mon frère, est un jeune homme comme il faut (1).

— Sans doute ; c'est-à-dire qu'il salue en entrant dans un salon, et qu'il porte un habit dont les coudes ne sont pas troués.

— Je veux dire, mon frère, que ses manières et ses discours prouvent qu'il a reçu une excellente éducation, et qu'il appartient à une classe distinguée de la société.

— Mais je désire savoir quel est le rang qu'il y occupe, quelle est sa naissance, quels sont ses droits pour paraître dans la société où je le trouve ?

— Si vous voulez savoir pourquoi il vient à Monk-

(1) *Gentleman-like.* — Éd.

barns, il faut le demander à mon oncle, qui vous répondra probablement qu'il est le maître d'inviter à venir chez lui qui bon lui semble. Et si vous vous adressez à sir Arthur, il vous apprendra que M. Lovel lui a rendu, ainsi qu'à sa fille, le service le plus signalé.

— Quoi! cette histoire romanesque est donc vraie? Et je vous prie, ce valeureux chevalier aspire-t-il, comme c'est l'usage en pareil cas, à la main de la belle dont il a été le libérateur? Cela va de droit dans un roman, je le sais, et j'ai trouvé la conversation de miss Wardour extraordinairement sèche tandis que je l'accompagnais. Elle se retournait même de temps en temps comme si elle eût craint de donner de l'ombrage à son galant chevalier.

— Mon cher Hector, si vous continuez véritablement à nourrir votre attachement pour miss Wardour.....

— Si? pourquoi ce si, Marie?

— J'avoue que je regarde votre persévérance comme sans espoir.

— Et pourquoi sans espoir, ma prudente sœur? Miss Wardour, dans la situation où se trouvent les affaires de son père, ne peut prétendre à une grande fortune; et quant à la famille, je me flatte que celle des Mac-Intyre n'est pas inférieure à la sienne.

— Mais, Hector, songez donc que sir Arthur nous considère comme appartenant à celle de Monkbarns.

— Sir Arthur peut penser ce que bon lui semble; mais quiconque a un peu de sens commun conviendra que le rang de la femme se règle par celui du mari, et que ma généalogie paternelle, comptant quinze degrés sans la moindre tache, doit avoir anobli ma mère, quand il n'aurait coulé dans ses veines que de l'encre d'imprimeur.

— Pour l'amour du ciel! Hector, prenez garde à ce que vous dites; une seule expression semblable rapportée à mon oncle par un indiscret ou par quelqu'un intéressé à vous nuire, vous ferait perdre ses bonnes graces et tout espoir de succéder jamais à ses biens.

— Que m'importe! j'exerce une profession dont le monde n'a jamais pu se passer, et qui lui sera encore plus nécessaire que jamais pendant un demi-siècle. Mon cher oncle peut donc, si bon lui semble, Marie, attacher son domaine et son nom plébéien aux cordons de votre tablier, et vous pouvez épouser son nouveau favori si vous voulez, et mener ensemble une vie douce, tranquille et régulière, s'il plaît à Dieu. Quant à moi, mon parti est bien pris, et je ne ferai jamais la cour à personne pour obtenir un héritage qui doit m'appartenir par droit de naissance.

Miss Mac-Intyre appuya la main sur le bras de son frère, et le supplia de parler avec moins de véhémence.

— Qui vous nuit, qui cherche à vous nuire, lui dit-elle, si ce n'est votre caractère impétueux? Quels dangers avez-vous à braver, si ce ne sont ceux que vous attirez vous-même sur votre tête? Notre oncle en a agi envers nous jusqu'ici avec une bonté vraiment paternelle; pourquoi supposer qu'il se conduira à notre égard autrement qu'il ne l'a fait depuis que la perte de nos parens nous a laissés à ses soins?

— C'est un excellent vieillard, j'en dois convenir, répliqua Mac-Intyre, et je suis enragé contre moi quand il m'arrive de l'offenser: mais ses harangues éternelles sur des sujets qui ne valent pas l'étincelle d'une pierre à fusil; ses dissertations interminables sur de vieux pots et d'anciennes casseroles hors de service, me font quelquefois perdre patience. Il faut que je l'avoue, il y a en moi quelque chose d'Hotspur.

— Que trop, mon frère, beaucoup trop! Combien de risques ce caractère violent ne vous a-t-il pas déjà fait courir, et quelquefois, permettez-moi de vous le dire, dans des occasions qui ne vous étaient pas trop honorables. Faites en sorte que de tels nuages ne viennent pas rembrunir le temps que vous avez à passer près de nous, et montrez-vous à notre bienfaiteur tel que vous êtes, bon, généreux, vif, mais non fougueux et opiniâtre.

— Fort bien! voilà ma leçon faite. De bonnes manières, ce sera mon mot d'ordre; et, pour commencer, je serai civil avec votre nouvel ami; je dirai quelques mots à ce M. Lovel.

Dans cette résolution, qui était sincère en ce moment, il rejoignit la compagnie. La triple dissertation était alors terminée, et sir Arthur parlait de nouvelles étrangères et de la situation politique et militaire du pays, sujets sur lesquels chacun se croit en état d'émettre une opinion. Une bataille de l'année précédente ayant été mise sur le tapis, Lovel, se mêlant à la conversation, en donna quelques détails dont l'exactitude parut douteuse au capitaine Mac-Intyre, qui en fit l'observation, quoique avec politesse.

— Vous devez convenir ici que vous avez tort, Hector, dit M. Oldbuck, quoique je ne connaisse personne qui fasse plus difficilement un pareil aveu. Vous étiez alors en Angleterre, et M. Lovel était probablement à l'affaire dont il s'agit.

— Je parle donc à un militaire? dit Mac-Intyre : puis-je savoir à quel régiment appartient M. Lovel ?

Lovel lui donna le numéro du régiment.

— Il est bien étrange que nous ne nous soyons jamais rencontrés, M. Lovel. Je connais parfaitement votre régiment, car il était de la même division que le mien.

Une légère rougeur couvrit un instant le visage de Lovel. — Il y a long-temps que je n'ai été à mon régiment, répondit-il; j'ai servi, la campagne dernière, dans l'état-major du général sir.....

— Oui! cela est encore plus étrange. Je n'ai pas servi sous le général sir....., mais j'ai connu tous les noms des officiers de son état-major, et je ne me souviens pas d'y avoir vu celui de Lovel.

Cette observation fit rougir de nouveau Lovel, et cette fois sa rougeur fut assez marquée pour attirer l'attention de toute la compagnie, tandis qu'un sourire méprisant semblait indiquer le triomphe du capitaine Mac-Intyre.

— Il y a quelque chose d'étrange dans tout cela, se dit Oldbuck à lui-même, mais je n'abandonnerai pas si facilement le phénix des compagnons de chaise de poste (1). Ses actions, ses discours, ses manières, tout annonce en lui un homme bien né.

Cependant Lovel, ouvrant son porte-feuille, y prit une lettre qu'il retira de son enveloppe, et la présentant à Mac-Intyre : — Vous connaissez probablement, lui dit-il, l'écriture du général ***; peut-être ne devrais-je pas montrer des expressions exagérées de son estime et de son amitié pour moi. — Cette lettre contenait des re-

(1) M. Oldbuck ou l'auteur oublient que c'est en diligence qu'ils ont voyagé ensemble. — Éd.

merciemens et des éloges pour un service militaire récemment rendu. Le capitaine, après y avoir jeté les yeux, ne put nier que ce ne fût l'écriture du général.
— Mais, ajouta-t-il d'un ton sec en la rendant, l'adresse y manque.

— L'adresse, capitaine, répondit Lovel sur le même ton, sera à votre service quand vous voudrez venir me la demander.

— C'est ce que je ne manquerai pas de faire, répliqua Mac-Intyre.

— Eh bien! eh bien! s'écria Oldbuck, que signifie tout ceci? C'est bien le diable! Nous ne voulons pas de bravades ici. Revenez-vous de faire la guerre à l'étranger pour rapporter la discorde dans notre pays paisible? Êtes-vous comme de jeunes boule-dogues qui, lorsqu'on a arraché le pauvre taureau à leur fureur, s'attaquent les uns les autres, et mordent les jambes des honnêtes gens?

Sir Arthur dit qu'il se flattait que ces messieurs ne s'oublieraient pas au point de s'échauffer pour une vétille telle que l'adresse d'une lettre.

Tous deux assurèrent que rien n'était plus éloigné de leurs intentions, et protestèrent, les joues enflammées et les yeux étincelans, que jamais ils n'avaient été plus calmes. Cependant un nuage sombre sembla couvrir toute la société, et chacun parla tour à tour avec trop de régularité pour que la gaieté pût y régner. Lovel vit aux regards qu'on jetait sur lui à la dérobée, et à l'air froid qu'on lui témoignait, qu'il était devenu suspect à une partie de la compagnie; et sentant que la manière dont il avait répondu aux questions du capitaine avait dû le placer sous un jour peu favorable, il prit la résolution héroïque de sacrifier le plaisir qu'il avait espéré de goûter en passant la journée à Knockwinnock.

Il affecta donc de se plaindre d'un violent mal de tête occasioné par la chaleur du soleil, auquel il venait de s'exposer pour la première fois depuis son indisposition, et pria sir Arthur de vouloir bien l'excuser s'il se trouvait dans l'impossibilité de tenir son engagement. Le baronnet, plus occupé de ses soupçons que du service qu'il avait reçu, n'insista qu'autant que la politesse l'exigeait.

Lorsqu'il prit congé des dames, il remarqua en miss Wardour plus d'agitation qu'elle n'en avait encore montré. Elle laissa voir par un coup d'œil qu'elle jeta sur le capitaine, et dont Lovel fut le seul qui s'aperçut, quel était le motif de ses alarmes, et dit à Lovel d'un ton ému, qu'elle espérait que ce n'était pas un engagement moins agréable qui les privait du plaisir de sa société. Il répondit qu'il n'en avait contracté aucun, et que ce n'était que le retour du mal dont il avait déjà été attaqué qui l'obligeait à se retirer.

— Le meilleur remède en pareil cas est la prudence, et je..... et tous les amis de M. Lovel doivent espérer qu'il y aura recours.

Lovel la salua en rougissant, et miss Wardour, comme si elle eût senti qu'elle en avait trop dit, se détourna, et monta en voiture. Il ne restait à Lovel qu'à faire ses adieux à l'antiquaire, dont Caxon, pendant ce temps, avait arrangé la perruque en désordre et brossé l'habit, que la poussière n'avait pas respecté au milieu des ruines. — Quoi ! s'écria Oldbuck, n'allez-vous pas nous quitter à cause de la curiosité indiscrète et de la violence de ce fou d'Hector ? C'est un étourdi, un enfant gâté; il était encore entre les bras de sa nourrice, quand il me jeta son hochet à la tête parce que je lui refusais un morceau de sucre. Vous avez trop de bon sens pour faire attention à ce que dit un semblable écervelé. Souvenez-vous de notre ami Horace : *æquam servare mentem* (1). J'aurai soin de faire une bonne mercuriale à Hector et de le rappeler à l'ordre.

Lovel persistant dans son dessein de retourner à Fairport, l'antiquaire prit un ton plus grave. — Jeune homme, lui dit-il, prenez garde de vous abandonner à la fougue du moment; la vie vous a été donnée pour un but utile et louable, et vous devez la conserver pour faire honneur à la littérature de votre patrie, quand vous n'êtes pas appelé à l'exposer pour sa défense ou pour celle de l'opprimé. La guerre d'homme à homme était une pratique inconnue aux anciens peuples civilisés, et c'est de toutes les absurdités introduites par les tribus gothiques, la plus grossière, la plus barbare et la plus impie. Ne pensez plus à cette querelle absurde, et je vous montrerai le traité que je composai sur le duel quand le clerc et le prévôt de la ville, voulant se donner des airs de gentilshommes, se défièrent en combat singulier. J'avais dessein de faire imprimer cet essai, que j'ai signé *Pacificator*, mais cela devint inutile parce que le conseil de la ville se chargea d'arranger l'affaire.

— Je vous assure, mon cher monsieur, qu'il ne s'est rien passé entre le capitaine Mac-Intyre et moi qui puisse nécessiter une intervention si respectable.

— Soit; je le désire, parce qu'autrement je vous servirais de second à tous deux.

En parlant ainsi, le vieillard monta dans la chaise de

---

(1) Conserver son égalité d'ame. — Tr.

poste, près de laquelle miss Mac-Intyre retenait son frère, comme le maître d'un chien hargneux le tient en laisse pour empêcher qu'il n'attaque personne. Mais Hector parvint à déjouer cette manœuvre prudente. Comme il était à cheval, il resta derrière les voitures jusqu'à un coude que faisait la route pour conduire à Knockwinnock, et se détournant alors il prit au grand galop le chemin qui conduisait à Fairport.

Il ne lui fallut que quelques minutes pour rejoindre Lovel, qui, prévoyant peut-être les projets du capitaine, ne marchait qu'au petit pas. Le bruit des pieds d'un cheval qui galopait à toute bride lui annonça bientôt l'arrivée de Mac-Intyre. Ce jeune militaire, naturellement fougueux, et échauffé par la rapidité de sa course, s'arrêta brusquement à côté de Lovel, et touchant légèrement son chapeau de la main, lui demanda avec hauteur : — Quelle était votre intention, monsieur, en me disant que votre adresse était à mon service ?

— Uniquement, monsieur, de vous faire savoir que je me nomme Lovel, et que je loge en ce moment à Fairport, comme vous pouvez le voir par cette carte.

— Et ce sont là tous les renseignemens que vous avez à me donner ?

— Je ne vois pas quel droit vous avez de m'en demander d'autres.

— Vous trouvant dans la compagnie de ma sœur, monsieur, j'ai droit de savoir qui est admis dans sa société.

— Je prendrai la liberté de vous contester ce droit. Vous me trouvez dans une société qui s'est contentée des informations que j'ai cru convenable de donner sur mes affaires, et un homme qui n'est pour moi qu'un étranger ne peut m'en demander davantage.

— M. Lovel, si vous avez servi, comme vous le dites...

— *Si!* monsieur, si j'ai servi, comme je le dis?

— Oui, monsieur, telle est mon expression. Si vous avez servi, comme vous le dites, vous devez savoir que vous me devez satisfaction d'une manière ou d'une autre.

— Si telle est votre opinion, capitaine, je vous la donnerai très-volontiers de la manière que l'entendent les gens d'honneur.

— Fort bien, monsieur, dit Hector; et tournant bride, il se hâta d'aller rejoindre sa société.

Son absence avait déjà jeté l'alarme. Sa sœur avait fait arrêter la voiture, et regardait par la portière pour tâcher de l'apercevoir.

— Eh bien! qu'avez-vous donc? lui demanda l'antiquaire. Pourquoi galoper ainsi de çà et de là, comme s'il s'agissait d'une gageure? Que ne restez-vous près de la voiture?

— J'avais oublié un gant, monsieur, répondit Hector.

— Oublié! Je croirais plutôt que vous êtes allé le jeter. Mais j'aurai les yeux sur vous, tête sans cervelle, et vous reviendrez ce soir avec moi à Monkbarns. A ces mots, il ordonna au postillon de partir.

CHAPITRE XX.

« A l'honneur aujourd'hui si vous n'êtes fidèle,
» Gardez-vous désormais de soupirer pour elle ;
» Des armes renoncez à l'honorable état ;
» Perdez en un instant jusqu'au nom de soldat,
» Tel le triste laurier, frappé par le tonnerre,
« Voit son noble feuillage épars sur la poussière. »

La Querelle.

Le lendemain matin, de bonne heure, un militaire se présenta chez M. Lovel, qui était déjà levé, et qui le reçut sur-le-champ. C'était un ami de Mac-Intyre, un officier chargé de recruter à Fairport : Lovel et lui se connaissaient légèrement.

— Je présume, monsieur, lui dit le capitaine Lesley, que vous devinez le motif d'une visite qui m'oblige à vous déranger de si grand matin ?

— Un message du capitaine Mac-Intyre, sans doute?

— Précisément. Il se dit offensé du refus que vous avez fait hier de répondre à certaines questions qu'il croyait avoir le droit de faire à un homme admis dans la société de sa famille.

— Oserai-je vous demander si vous, M. Lesley, vous seriez disposé à répondre à un interrogatoire fait avec si peu de cérémonie et d'un ton de hauteur ?

— Peut-être que non. Et c'est pourquoi, connaissant le caractère ardent de mon ami Mac-Intyre en de telles occasions, je désire infiniment jouer le rôle de pacificateur. D'après les manières distinguées de M. Lovel, chacun doit souhaiter ardemment de le voir dissiper les doutes calomnieux qui s'attachent à celui dont la situation dans le monde n'est pas suffisamment connue. S'il veut, par voie de conciliation, me mettre en état d'apprendre au capitaine Mac-Intyre son véritable nom, car nous sommes portés à croire que celui de Lovel en est un emprunté.....

— Pardon, monsieur, mais je ne puis admettre cette supposition.

— Ou du moins, continua Lesley, que ce n'est pas celui sous lequel M. Lovel a toujours été connu. Si M. Lovel veut avoir la bonté d'expliquer cette circonstance, ce qu'il doit faire, à mon avis, par égard pour lui-même, je garantis que cette affaire désagréable s'arrangera à l'amiable.

— C'est-à-dire, M. Lesley, que si je me soumets à répondre à des questions que personne n'a le droit de me faire, et auxquelles on me somme de répondre sous peine d'être exposé à tout le courroux du capitaine Mac-Intyre, le capitaine aura la bonté de se trouver satisfait ? Je n'ai qu'un mot à vous dire à ce sujet, M. Lesley. Je n'ai nul doute que mon secret, si j'en avais un, ne pût être confié sans aucun risque à votre honneur; mais je ne me sens disposé à satisfaire la curiosité de personne. Le capitaine m'a trouvé dans une société qui devait suffire pour ne laisser dans l'esprit de qui que ce soit, et surtout dans le sien, aucun doute sur mon caractère. A mon avis, il n'a aucun droit de demander quels sont le rang, l'état et la naissance d'un étranger qui, sans chercher à avoir aucune liaison avec lui, se trouve par hasard à dîner avec son oncle, ou qui se promène dans la compagnie de sa sœur.

— En ce cas, M. Lovel, le capitaine Mac-Intyre demande que vous renonciez à toutes visites à Monkbarns et à toute liaison avec sa sœur; votre présence dans sa famille lui étant désagréable.

— Bien certainement, M. Lesley, j'irai voir M. Oldbuck toutes les fois que je le trouverai bon, sans m'inquiéter des menaces de son neveu ni de ce qu'il en pourra penser. Quant à miss Mac-Intyre, quelque légère que soit ma connaissance avec elle, je la respecte trop pour souffrir que son nom se trouve mêlé dans cette querelle.

— Telle étant votre réponse, le capitaine Mac-Intyre requiert M. Lovel, s'il ne veut passer pour un homme d'une réputation douteuse, de lui accorder un rendez-vous, ce soir à sept heures, à l'aubépine qu'on trouve dans la petite vallée, près des ruines de Sainte-Ruth.

— Je ne manquerai pas de m'y trouver. Il n'y a qu'une difficulté : il faut que je me fasse accompagner par un ami, et, ne connaissant personne à Fairport, je ne sais où en trouver un dans un si court délai. Quoi qu'il en soit, vous pouvez assurer le capitaine que je me trouverai au rendez-vous.

Lesley avait pris son chapeau, et était déjà à la porte de l'appartement, quand, frappé de l'embarras où Lovel disait être, il revint tout à coup sur ses pas. — M. Lovel, lui dit-il, il y a dans tout ceci quelque chose de si singulier, que je ne puis me dispenser de vous faire encore quelques observations. Vous devez sentir vous-même les inconvéniens qui résultent en ce moment de l'incognito que vous prétendez garder, et dont je suis convaincu qu'il n'existe aucune raison qui puisse vous faire rougir. Ce mystère augmente pourtant la difficulté que vous éprouverez à trouver un ami dans une crise aussi délicate. Vous me permettrez même d'ajouter que bien des gens regarderont Mac-Intyre comme une espèce de Don Quichotte et le blâmeront d'avoir une affaire d'honneur avec un homme dont le nom et le rang sont enveloppés d'obscurité.

— Je vous comprends, M. Lesley; votre observation est sévère, mais je ne m'en offense point, parce que je sens qu'une bonne intention vous l'a dictée; toutefois, permettez-moi de vous répondre qu'on a droit, selon moi, à tous les privilèges d'un homme d'honneur, d'un homme bien né, quand on n'a pas mérité le plus léger reproche pendant tout le temps qu'on a été connu dans une société. Quant au second qu'il me faut, j'ose espérer que je trouverai quelqu'un qui voudra bien m'en servir, et, s'il n'a pas autant d'expérience que je pourrais le désirer, je suis convaincu que je n'ai rien à appréhender de cette circonstance, puisque c'est vous qui accompagnerez mon adversaire.

— J'ose m'en flatter, M. Lovel; mais je dois désirer,

pour moi-même, de partager le fardeau de cette responsabilité avec un homme entendu dans ce genre d'affaires. Permettez-moi de vous dire que le brick du lieutenant Taffril est en rade, et qu'il loge lui-même chez le vieux Caxon, où vous le trouverez. Je crois que vous le connaissez à peu près autant que nous nous connaissons; et, comme je n'aurais fait aucune difficulté de vous servir de second, si vous me l'aviez demandé, et que je n'eusse pas dû en servir à votre antagoniste, je suis persuadé qu'il ne refusera pas de vous accompagner.

— Eh bien donc, M. Lesley, à ce soir à sept heures, dans la vallée de Sainte-Ruth. Je présume que nos armes seront des pistolets?

— Si cela vous convient. Mac-Intyre a choisi l'heure où il lui sera le plus facile de s'échapper de Monkbarns. Il est venu chez moi ce matin à cinq heures, afin de pouvoir être de retour avant que son oncle fût levé. Je vous salue, M. Lovel. Et Lesley se retira.

Lovel était aussi brave que qui que ce soit; mais personne ne peut voir sans quelque inquiétude approcher le moment d'une telle crise. Dans quelques heures il pouvait être dans un autre monde, où il aurait à rendre compte d'une action que sa religion lui représentait comme criminelle, ou se voir obligé à errer comme Caïn dans celui-ci, la main teinte du sang de son frère. Et un seul mot pouvait lui éviter cette fâcheuse alternative; mais l'orgueil lui représentait que prononcer ce mot à présent, ce serait donner lieu à des soupçons encore plus humilians que tous ceux que son silence avait pu faire concevoir. — Chacun alors, pensait-il, et miss Wardour elle-même, le regarderait comme un lâche, qui aurait accordé à la peur d'un duel ce qu'il avait refusé aux représentations calmes et honnêtes de M. Lesley. La manière insolente dont Mac-Intyre s'était conduit envers lui, l'injustice, l'arrogance et l'incivilité qu'il avait montrées en faisant subir un interrogatoire à un homme qui lui était étranger; enfin l'air de prétention qu'il affichait auprès de miss Wardour, tout ne lui défendait-il pas de répondre à des questions faites d'un ton grossier? Il prit donc la résolution qu'on devait attendre d'un jeune homme, celle de fermer l'oreille aux conseils de la raison, et de suivre ceux de l'orgueil offensé. Ce fut dans ce dessein qu'il se rendit chez le lieutenant Taffril.

Le lieutenant le reçut avec la politesse d'un homme du monde et la franchise d'un marin; il écouta, non sans surprise, le détail qui précéda la prière que lui fit Lovel de vouloir bien l'accompagner à son rendez-vous avec le capitaine Mac-Intyre. Se levant alors, il fit une ou deux fois le tour de sa chambre.

— C'est une circonstance bien singulière, dit-il, et réellement...

— Je sais, M. Taffril, que je n'ai guère le droit de vous faire une pareille demande; mais l'urgence est telle que je n'ai pas d'autre alternative.

— Permettez-moi de vous faire une question. Parmi les motifs qui vous déterminent à cacher votre nom, y a-t-il quelque chose qui puisse vous faire rougir?

— Pas la moindre; et je me flatte qu'avant peu ce mystère cessera d'en être un.

— J'espère qu'il n'a pas pour cause la fausse honte que pourrait vous occasioner une naissance humble ou obscure?

— Non, sur mon honneur.

— Je n'aurais guère d'indulgence pour cette faiblesse; on ne doit pas même m'en supposer; car, s'il s'agit de famille, je puis dire que je suis né sous le mât de mon vaisseau, et je compte incessamment, en dépit du qu'en dira-t-on, épouser une jeune fille d'une naissance obscure, mais aussi aimable que vertueuse, et à laquelle je me suis attaché quand nous demeurions porte à porte, dans un temps où je ne comptais guère sur la bonne fortune qui m'a valu de l'avancement dans le service.

— Je vous assure, M. Taffril, que, quel que fût le rang de mes parens, jamais un faux orgueil ne me le ferait cacher; mais je me trouve en ce moment dans des circonstances qui me défendent d'entrer dans aucun détail sur ma famille.

— C'en est assez, dit l'honnête marin. Donnez-moi la main; je vous aiderai de mon mieux dans cette affaire, quoiqu'elle ne soit pas agréable au fond; mais qu'importe? après notre pays, notre honneur a les premiers droits sur nous. Vous êtes un brave garçon, et j'avoue que je regarde Hector Mac-Intyre, avec sa longue généalogie et son orgueil de famille, comme un insolent. Son père était un soldat, comme je suis un marin, de fortune. Lui-même ne vaut guère mieux, si ce n'est que son oncle l'aide un peu; et qu'on fasse son chemin dans l'armée de terre ou dans la marine, je n'y vois pas grande différence.

— Pas la moindre, certainement.

— Eh bien! nous dînerons ensemble, et nous irons ensuite au rendez-vous. Je me flatte que vous savez manier le pistolet?

— Je ne me pique pas d'y être très-habile.

— J'en suis fâché. On dit que Mac-Intyre manque rarement son coup.

— J'en suis fâché aussi, tant pour lui que pour moi. Au surplus, comme je suis forcé de me défendre, je viserai de mon mieux.

— J'amènerai le chirurgien de mon brick, brave jeune homme. Personne ne s'entend mieux à boucher une boutonnière au pourpoint. Je ferai savoir à Lesley, qui est un brave garçon pour un officier de terre, que je le prends pour donner ses soins, n'importe à qui. Y a-t-il quelque chose que je puisse faire pour vous en cas d'accident?

— Je ne vous donnerai pas beaucoup d'embarras, répondit Lovel; ce papier contient la clef de mon porte-feuille. Vous y trouverez mon secret, et une lettre, ajouta-t-il en étouffant un soupir, que je vous prie de vouloir bien remettre vous-même à son adresse.

— J'entends, dit le marin; mais il n'y a pas de quoi rougir. Un sentiment tendre peut mouiller un instant les yeux, quand on prépare le vaisseau pour l'action. Au surplus, comptez sur moi; Taffril se conformera à toutes vos instructions, comme si c'était la dernière prière d'un frère mourant. Mais c'est nous occuper de bagatelles; il faut vous disposer au combat, et vous viendrez dîner avec mon petit chirurgien et moi à quatre heures, *aux Armes de Grœme*, de l'autre côté de la rue.

— C'est convenu, dit Lovel.

— Convenu, répéta Taffril; et l'affaire fut arrangée ainsi.

C'était une belle soirée d'été, et l'ombre de l'aubépine solitaire commençait à grandir sur le tapis de verdure de la petite vallée bordée par les bois au milieu desquels sont les ruines de Sainte-Ruth.

Lovel, le lieutenant Taffril et le jeune chirurgien arrivaient en cet endroit dans un dessein qui n'était guère en harmonie avec l'aspect doux et calme de la nature. Les moutons, qui, pendant la grande chaleur du jour, s'étaient retirés dans les creux et les cavernes des rochers, ou entre les racines des vieux arbres, étaient alors répandus sur la montagne; il y avait dans leurs bêlemens répétés ce son mélancolique et monotone qui fait ressortir la solitude d'un paysage plutôt qu'il ne l'anime. Taffril et Lovel causaient d'un air animé en marchant, ayant chargé le domestique du lieutenant de reconduire leurs chevaux à la ville, de crainte d'être découverts. Mac-Intyre et son second n'étaient pas encore arrivés; mais, en approchant du lieu désigné, ils virent assis sur les racines du vieux chêne un homme dont la vieillesse était aussi verte que celle de l'arbre dont les branches lui servaient d'abri : c'était Edie Ochiltrie.

— Cela est assez embarrassant, dit Lovel; comment nous défaire de ce vieux mendiant?

— Père Edie, lui dit Taffril qui le connaissait depuis long-temps, voilà une demi-couronne pour vous; mais il faut que vous alliez sur-le-champ aux *Quatre-Fers*, la petite auberge sur la route : vous la connaissez? Vous demanderez un domestique en livrée jaune et bleue; et, s'il n'y est pas, vous l'attendrez. Vous lui direz que nous y serons avec son maître dans une heure; mais, dans tous les cas, restez-y jusqu'à ce que nous soyons arrivés, car nous pourrons bien avoir encore besoin de vous. Dépêchez-vous; allons, partez, levez l'ancre.

— Je vous remercie de votre aumône, M. Taffril, répondit Edie en mettant la pièce d'argent dans sa poche; mais je vous demande pardon, je ne puis faire votre commission tout de suite.

— Et pourquoi? Qui vous en empêche?

— Il faut que je dise un mot en particulier à M. Lovel.

— A moi! Et qu'avez-vous à me dire? Allons, venez et soyez bref.

Le mendiant le conduisit à quelques pas.

— Devez-vous quelque chose au laird de Monkbarns?

— Moi? non. Mais qu'importe? Pourquoi me faites-vous cette demande?

— Vous saurez que j'étais aujourd'hui chez le shérif; car, Dieu merci, on me trouve partout comme un esprit en peine; et qui y vis-je arriver à grand train dans une chaise de poste, si ce n'est M. Monkbarns lui-même, tout effarouché? Or ce n'est pas pour rien que Son Honneur prend une chaise de poste deux jours de suite.

— Eh bien! en quoi tout cela me concerne-t-il?

— Un moment de patience, vous allez le savoir: Monkbarns s'enferma avec le shérif, quoiqu'il y eût bien du monde d'arrivé avant lui; mais vous savez que les pauvres gens sont faits pour attendre, et que les gens d'importance sont toujours civils entre eux.

— Pour l'amour du ciel, mon vieil ami.....

— Que ne m'envoyez-vous tout d'un coup au diable, M. Lovel? cela vaudrait mieux que de parler du ciel avec ce ton d'impatience.

— Mais j'ai une affaire pressante avec le lieutenant Taffril.

— Eh bien! chaque chose en son temps. Je puis me donner un peu de liberté avec le lieutenant Taffril; je lui ai fait autrefois plus d'une toupie et plus d'un cerceau; car je travaillais en bois comme en cuivre.

— Ou vous êtes fou, Edie, ou vous voulez que je le devienne.

— Ni l'un ni l'autre, répondit Ochiltrie en quittant l'accent traînant et prolongé d'un mendiant pour prendre un ton vif et décidé. — Le shérif a fait venir son clerc; et comme le jeune gars est un peu léger de la langue, j'ai appris de lui qu'il avait rédigé un mandat pour vous faire arrêter. J'ai pensé sur-le-champ qu'il s'agissait d'une dette; car tout le monde sait que le laird de Monkbarns tient sa poche bien fermée. Mais je vois à présent que je puis retenir ma langue, car j'aperçois ce forcené de Mac-Intyre, et M. Lesley, et je me doute que Monkbarns avait de bonnes intentions, tandis que celles qui vous amènent ici auraient besoin d'être justifiées.

Les antagonistes s'abordèrent avec cette froide civilité qui convenait à l'occasion.

— Que fait ici ce vieux drôle? dit Mac-Intyre en jetant un regard sur Ochiltrie.

— Je suis un vieux drôle, dit Edie; mais je suis aussi un vieux soldat, car j'ai servi sous votre père dans le 42e régiment.

— Servez encore où il vous plaira, reprit Mac-Intyre, mais retirez-vous à l'instant, ou..... Et en même temps il leva sa houssine pour l'intimider, car il n'avait pas l'intention de frapper le vieillard. Mais la menace suffit pour ranimer l'ancien courage d'Ochiltrie. — Prenez garde à vous, s'écria-t-il ; je puis passer quelque chose au fils de votre père, mais, comme je vous l'ai dit, je suis un vieux soldat, et jamais houssine ne me touchera impunément tant que je porterai ce bâton ferré.

— Bien, bien, dit Mac-Intyre, j'ai été trop prompt, j'ai eu tort, je l'avoue. Prenez cette couronne, et retirez-vous. Eh bien ! qu'attendez-vous encore ?

Le vieillard se redressant déploya avec avantage sa haute taille, et en dépit de ses vêtemens, qui cependant ressemblaient davantage à ceux d'un pèlerin qu'à ceux d'un mendiant ordinaire, sa stature, ses manières, son ton et ses gestes l'auraient fait prendre pour un vieil ermite, saint conseiller des jeunes gens qui l'entouraient, plutôt que l'objet de leur charité. Ses discours étaient aussi simples que ses habits ; mais il y avait dans ses paroles autant de hardiesse et de franchise que de dignité dans son maintien.

— Que venez-vous faire ici, jeunes gens ? dit-il en s'adressant à son auditoire étonné ; êtes-vous venus au milieu des plus beaux ouvrages de Dieu pour contrevenir à ses lois ? Avez-vous quitté les ouvrages des hommes, les maisons et les villes, qui ne sont que boue et poussière comme ceux qui les ont construites, pour venir, au milieu de ces montagnes paisibles, près de ces eaux tranquilles qui dureront autant que la terre, attaquer réciproquement votre vie, à laquelle la nature a fixé une si courte durée, et dont vous aurez un compte à rendre en la finissant ? N'avez-vous ni frères ni sœurs ? N'avez-vous pas un père qui vous a élevés, une mère qui vous a portés dans son sein, des amis qui vous aiment comme si vous faisiez partie de leur propre cœur ? Est-ce ainsi que vous voulez les priver d'un frère, d'un fils, d'un ami? C'est un mauvais combat que celui où le vainqueur est le plus à plaindre. Songez-y bien, mes enfans, je ne suis qu'un pauvre homme, mais je suis vieux, et mes cheveux gris et mon cœur honnête doivent donner à mes conseils vingt fois le poids que ma pauvreté peut leur ôter. Allez-vous-en, retournez chez vous, comme de bons jeunes gens; les Français peuvent arriver un de ces jours, vous aurez alors une belle occasion pour vous battre, et le mendiant s'en mêlera peut-être lui-même, s'il peut trouver quelque embrasure pour y appuyer son fusil. Il vivra peut-être assez pour vous dire lequel de vous se bat le mieux pour une bonne cause.

Son ton d'indépendance, la manière hardie dont il s'exprimait, son éloquence mâle et sans art, ses yeux animés, firent quelque impression sur ceux qui l'entendaient, surtout sur les deux seconds, dont l'amour-propre n'était pas intéressé à voir cette affaire se terminer d'une manière sanglante, et qui au contraire désiraient sincèrement amener les deux rivaux à se réconcilier.

— Sur mon honneur, M. Lesley, dit Taffril, le vieil Edie parle comme un oracle. Nos deux amis étaient hier fort irrités, et par conséquent de véritables fous. Aujourd'hui ils doivent être de sang-froid, ou du moins nous devons l'être pour eux. Je crois que le mot d'ordre des deux côtés devrait être oubli et pardon. Il faut qu'ils se donnent la main, qu'ils déchargent en l'air ces sottes armes, et que nous allions souper tous ensemble aux *Armes de Græme*.

— C'est entièrement mon avis, répondit Lesley, car malgré la chaleur et l'irritation qui règne de chaque côté, j'avoue qu'il m'est impossible de trouver ici une cause raisonnable de querelle.

— Messieurs, dit Mac-Intyre avec le plus grand sang-froid, tout cela eût été fort bon un peu plus tôt. Quand on en est venu au point où nous en sommes, ne pas porter les choses plus loin, et aller souper gaiement aux *Armes de Græme*, c'est vouloir se lever le lendemain avec une réputation aussi en guenilles que les habits de notre vieil ami, qui vient de faire si inutilement des frais d'éloquence. Je parle pour moi, et je me trouve obligé de vous prier de nous mettre en état de procéder, sans plus de délai, à l'affaire qui nous rassemble.

— Et comme je n'en ai jamais désiré aucun, dit Lovel, je vous prie aussi, messieurs, de régler tous les préliminaires le plus promptement possible.

— Enfans, enfans, s'écria Ochiltrie; et, s'apercevant qu'on ne l'écoutait plus, insensés, devrais-je dire, ajouta-t-il, mais que votre sang retombe sur votre tête! A ces mots il s'éloigna du terrain que les seconds commençaient à mesurer ; mais il s'arrêta à peu de distance, continuant à se parler à lui-même d'un air d'indignation, et montrant une inquiétude pénible, mêlée d'un peu de curiosité. Sans faire plus d'attention à sa présence qu'à ses remontrances, MM. Lesley et Taffril firent les arrangemens nécessaires pour le combat, et l'on convint que les deux adversaires tireraient en même temps quand M. Lesley laisserait tomber son mouchoir.

Le fatal signal fut donné, et les deux coups partirent presque au même instant. La balle du capitaine perça l'habit de son antagoniste et lui effleura le côté, mais sans lui tirer de sang. Le coup de Lovel fut mieux ajusté, car on vit Mac-Intyre chanceler et tomber. Il tenta de se relever et s'écria : — Ce n'est rien, ce n'est rien, donnez-nous d'autres pistolets. Mais les forces lui manquèrent, et il ajouta d'une voix plus faible : Je crois cependant que j'en ai assez, et, ce qui est encore pire, que je l'ai mérité. M. Lovel, ou quel que soit votre nom, fuyez, sauvez-vous. Je vous prends tous à témoins, messieurs, que j'ai été l'agresseur. Se soulevant alors sur le coude, Lovel, ajouta-t-il, donnez-moi la main, je vous crois homme d'honneur, pardonnez-moi ma grossièreté comme je vous pardonne ma mort. — Ma pauvre sœur !

Le chirurgien arriva pour jouer son rôle dans cette tragédie ; et Lovel, les yeux égarés et hagards, contemplait le mal dont il avait été la cause presque involontaire. Le mendiant le tira de cette espèce de léthargie en le saisissant par le bras. — Pourquoi restez-vous à contempler votre ouvrage ! Ce qui est fait est fait. Songez à vous, si vous voulez éviter une mort honteuse ; je vois là-bas les gens qui vous cherchent. Ils viennent trop tard pour vous séparer, mais ils arriveront assez tôt pour vous conduire en prison.

— Il a raison, il a raison, s'écria Taffril. Il ne faut pas vous exposer sur la grande route. Gagnez le bois, et restez-y jusqu'à la nuit. Mon brick sera alors sous voile, et à trois heures du matin, quand la marée nous favorisera, je vous enverrai une chaloupe au Mussel-Craig. Allons, partez, partez, pour l'amour du ciel !

— Oui, partez, partez ! répéta le blessé d'une voix entrecoupée par des convulsions.

— Suivez-moi, dit le mendiant ; le plan du lieutenant est le meilleur. Je vais vous conduire dans un endroit où vous pourrez rester caché quand on aurait les plus fins limiers pour vous chercher. Et tout en parlant ainsi, il cherchait à l'entraîner.

— Mais partez donc! répéta Taffril. Rester plus longtemps ici est une véritable folie.

— J'ai fait une pire folie en y venant, répondit Lovel en lui serrant la main; mais adieu. Et il entra dans le bois avec Ochiltrie.

CHAPITRE XXI.

> « Il descendit par des degrés magiques,
> » Dieu sait jusqu'où, peut-être dans l'enfer ;
> » Et si le diable était riche, il est clair
> » Qu'il le vola, car dans son abbaye,
> » Alors si pauvre, et depuis enrichie,
> » Il rapporta force or, qu'il enterra.
> » Moi seul je sais où gît ce trésor-là. »
> *La Merveille d'un royaume.*

Lovel suivait presque machinalement le mendiant, qui le conduisait d'un pas ferme et rapide à travers les buissons et les ronces, évitant les chemins battus, et se retournant souvent pour écouter si nul bruit n'annonçait qu'on les poursuivît. Tantôt ils descendaient dans le lit desséché d'un torrent, tantôt ils suivaient un sentier étroit et dangereux que les troupeaux, qu'on laissait errer dans le bois taillis avec une négligence presque universelle en Écosse, avaient frayé sur le bord d'un précipice. De temps en temps Lovel pouvait entrevoir le chemin par lequel il avait passé la veille avec sir Arthur, l'antiquaire et le reste de la compagnie. Triste, embarrassé, dévoré de mille inquiétudes, que n'aurait-il pas donné alors pour posséder cette conscience qui ne se reproche rien et qui suffit seule pour indemniser de mille maux? — Et cependant, se disait-il dans les réflexions qu'il faisait à la hâte et presque involontairement, — même alors, mon innocence et l'estime que m'accordaient tous ceux qui m'entouraient ne m'empêchaient pas de me croire malheureux. Que suis-je maintenant que j'ai les mains teintes du sang de ce jeune homme? Le misérable amour-propre qui m'a fait accepter ce duel ne m'aveugle plus. Il a disparu comme on dit que le malin esprit disparaît aux yeux de ceux qu'il a poussés au crime.

Sa tendresse pour miss Wardour se taisait même devant la voix des remords qui le déchiraient, et il pensait qu'il aurait consenti à subir tous les supplices d'un amour méprisé pour se retrouver tel qu'il était le matin, c'est-à-dire la conscience pure, et n'ayant pas à se reprocher la mort d'un de ses semblables.

Son guide n'interrompit point par sa conversation le cours de ses réflexions pénibles. Ochiltrie marchait devant lui dans le bois, tantôt écartant les branches qui s'opposaient à son passage, tantôt l'exhortant à se presser, tantôt s'adressant à lui-même à demi-voix, suivant la coutume des vieillards isolés et négligés, quelques mots que Lovel n'aurait pu entendre quand même il les aurait écoutés, et qui, s'il les avait entendus, ne lui auraient offert aucun sens, tant ils étaient entrecoupés et sans liaison; — habitude qu'on peut remarquer souvent chez les gens de l'âge et de la profession d'Edie Ochiltrie.

Enfin, à l'instant où Lovel, encore faible par suite de son indisposition, épuisé par les sensations pénibles qui l'agitaient, et fatigué par ses efforts pour suivre son conducteur dans des sentiers dangereux et difficiles, commençait à se trouver de quelques pas en arrière, ils arrivèrent en face d'un rocher escarpé couvert de ronces et de broussailles. Dans ses flancs était une caverne dont l'entrée, aussi étroite que la tanière d'un renard, n'était indiquée que par une crevasse. Cette crevasse elle-même était cachée par les branches d'un vieux chêne, qui, fixé par ses racines entrecroisées à la partie supérieure de l'ouverture, laissait tomber son feuillage sur toute l'étendue du roc. Elle aurait pu échapper à l'attention même d'un homme qui aurait été près de l'entrée, tant l'approche en était peu engageante. Le mendiant y entra pourtant, et Lovel l'y suivit. Dans l'intérieur, la caverne était haute et spacieuse, et elle se divisait en deux branches qui, se croisant à angles droits, représentaient une croix, ce qui prouvait qu'elle avait autrefois servi de demeure à un anachorète. On trouve beaucoup de grottes semblables dans diverses parties de l'Écosse : je me bornerai à citer celle de Gorton près de Roslin, bien connue des admirateurs des paysages romantiques.

L'entrée de cette caverne n'était éclairée que par un faible crépuscule, et plus loin il y régnait une obscurité profonde.—Peu de gens connaissent cet endroit, dit Ochiltrie, et je crois même qu'il n'y a que deux personnes, sans me compter, qui sachent que cette caverne existe, Jingling Jock et Lang Linker. J'ai même pensé bien des fois que, quand je me trouverai vieux et infirme, et hors d'état de jouir plus long-temps de l'air béni du ciel, je me traînerai ici avec un peu de farine d'avoine (—et voyez, il y a une petite source qui sort de ce coin, été comme hiver); je m'y étendrai tout de mon long pour y attendre ma fin, comme un vieux chien se traîne dans quelque buisson, pour que la vue de son inutile et dégoûtant cadavre ne choque pas les yeux des vivans. Et alors quand les chiens aboieront dans la basse-cour d'une ferme écartée, la ménagère criera : —Paix! coquins, c'est sûrement le vieil Edie qui arrive; et les pauvres enfans remueront leurs petites jambes pour courir à la porte afin de voir le vieux Manteau-Bleu qui raccommode leurs joujous : mais il n'y aura plus d'Edie.

Il conduisit alors Lovel, qui le suivait sans résistance, dans une des divisions intérieures de la caverne. — Ici, dit-il, un petit escalier tournant conduit dans la vieille église qui est au-dessus. Il y a des gens qui prétendent que cette caverne a été creusée par les moines pour y cacher leurs trésors, et l'on dit aussi qu'ils faisaient entrer par là dans l'abbaye, pendant la nuit, certaines choses qu'ils n'auraient osé y introduire par la grande porte en plein jour. On dit encore qu'un d'entre eux devint saint, ou du moins on voulut le faire croire, et qu'il s'établit en ce lieu, qu'on nomma la grotte de Sainte-Ruth, et qu'il construisit l'escalier pour se rendre à l'église pendant le service divin. Si le laird de Monkbarns connaissait cet endroit, il en aurait bien long à vous dire ainsi que sur tant d'autres choses. Mais cette caverne a-t-elle été creusée pour le service de Dieu ou pour celui des hommes? C'est plus que je ne saurais vous dire. Quoi qu'il en soit, j'y ai vu commettre plus d'un péché de mes jours, et je n'y en ai que trop commis moi-même; oui, ici, sous cette voûte ténébreuse,

Plus d'une fermière a été surprise que son coq ne l'éveillât pas le matin, quand la pauvre bête était à la broche dans ce coin sombre. Oui, et je voudrais qu'il ne se fût jamais rien passé de pire. Et quand on entendait le tapage que nous faisions, dans les entrailles de la terre; quand Saunders Aikwood, qui était alors garde des forêts, le père de Ringan qui l'est aujourd'hui, allait rôder dans le bois pour veiller au gibier de son maître, quand il voyait sortir de la crevasse qui sert d'entrée à la caverne une lueur rouge qui rejaillissait sur les noisetiers en face, combien d'histoires ne contait-il pas sur les fées et les esprits qui hantaient le bois pendant la nuit, sur les lumières qu'il avait vues, sur les cris qu'il avait entendus, pendant que chacun dormait; et quand il me les racontait, le soir au coin du feu, à moi et à mes camarades, je ne m'avisais pas d'en rire, mais je donnais au vieux fou conte pour conte, histoire pour histoire, quoique je susse mieux que lui ce qui en était. Oui, oui, c'était un fameux temps. Mais au bout du compte, tout cela n'était que vanité et péché, et il est juste que ceux qui ont mené dans leur jeunesse une vie légère et inconsidérée, et qui ont abusé de la charité des autres, se trouvent en avoir besoin quand ils sont vieux.

Tandis qu'Ochiltrie racontait ainsi ses anciens exploits et ses tours de jeunesse, d'un ton où la gaieté et le remords dominaient tour à tour, le malheureux Lovel s'était assis sur un banc taillé dans le roc, et qui avait probablement servi de siège à l'ermite, s'abandonnant à cette lassitude de corps et d'esprit qu'on éprouve ordinairement à la suite d'une grande agitation. Les suites de son indisposition encore récente avaient affaibli ses forces, et contribuaient beaucoup à cet accablement léthargique. — Si le pauvre garçon s'endort dans ce trou humide, pensa Edie, il ne s'éveillera peut-être plus, ou du moins il gagnera quelque mauvais mal. Il n'en est pas de lui comme de nous autres qui pouvons dormir partout, pourvu que nous ayons le ventre plein. Allons, M. Lovel, allons, prenez courage. Après tout, le capitaine peut en revenir, et quand il en mourrait, vous ne seriez pas le premier à qui pareil malheur serait arrivé. J'ai vu tuer bien des hommes, j'ai aidé moi-même à en tuer plus d'un ; cependant il n'y avait point eu de querelle entre nous. Et s'il n'y a pas de mal à tuer des gens avec qui nous ne nous sommes pas querellés, uniquement parce qu'ils portent une cocarde différente de la nôtre, et qu'ils parlent une autre langue, je ne vois pas pourquoi nous ne serions pas excusables de tuer celui qui vient les armes à la main attaquer notre vie. Je ne veux pas dire que ce soit bien fait, à Dieu ne plaise, ni qu'il soit juste de retirer à un homme ce que nous ne pouvons lui rendre, c'est-à-dire la faculté de respirer, mais je soutiens que c'est un péché pardonnable quand on s'en repent. Ne sommes-nous pas tous enfans du péché ? Mais si vous voulez en croire un vieux pécheur qui se repent des mauvaises voies qu'il a suivies, il y a dans les deux Testamens des promesses capables de sauver celui qui en est le moins digne, s'il peut seulement avoir la foi.

Ce fut ainsi que le mendiant, employant tour à tour toutes ses connaissances en morale et en théologie pour consoler Lovel, parvint à le forcer de lui accorder quelque attention jusqu'à ce que le crépuscule qui régnait au bord de la caverne eût fait place à la nuit. — A présent, dit Ochiltrie, je vais vous conduire dans un endroit plus commode. Que de fois je m'y suis assis pour entendre les cris du hibou perché sur ces vieux ifs, et pour voir les rayons de la lune s'insinuer à travers les vieux vitraux des ruines! Il n'y a pas de danger que personne y vienne à une pareille heure, et si ces coquins de constables et d'officiers du shérif ont fait une visite dans les environs, ils en sont partis depuis long-temps. Ah! ah! avec tous leurs mandats d'arrêt, et toutes les clefs de leurs prisons, ils ne sont pas plus braves que les autres, et je leur ai joué plus d'un tour dans mon temps, quand ils s'approchaient de moi de trop près. Mais, Dieu soit loué, ils n'ont plus de droits sur moi parce que je ne suis qu'un mendiant et un vieillard; mon manteau bleu est une protection, et puis miss Isabelle Wardour serait un bouclier pour moi, comme vous savez. — Lovel soupira. — Allons, allons, ne vous couragez point, la boule peut encore rouler au but. Il faut donner à une jeune fille le temps de se reconnaître. C'est la fleur du pays, et elle me veut du bien; grace à elle, je passe devant la maison de correction, aussi fier que j'entre à l'église le jour du sabbat. Du diable si personne oserait maintenant arracher un cheveu de la tête du vieil Edie. Je garde le haut de la chaussée quand je vais dans la ville, et je frotte mon épaule contre celle d'un bailli, sans plus de cérémonie que si c'était un ânier.

Tout en parlant ainsi, il s'occupait à écarter quelques pierres qui obstruaient l'entrée de l'escalier pratiqué à l'un des angles de la caverne. Il y monta le premier, et Lovel l'y suivait en silence.

—L'air n'y manque pas, dit le vieillard; les moines

y ont pris garde; ils n'aimaient pas que rien leur gênât la respiration, et ils ont eu l'adresse de trouver le moyen de donner ici de l'air et du jour sans que personne pût s'en douter.

Lovel trouva effectivement l'escalier bien aéré. Il était étroit, mais en bon état, et peu élevé. Ils entrèrent ensuite dans une petite galerie pratiquée dans le mur de côté du chœur de l'église, d'où il recevait l'air et la lumière par des ouvertures adroitement cachées parmi les ornemens de l'architecture gothique.

— Ce passage secret, dit le mendiant, faisait autrefois le tour de presque tout le bâtiment, et communiquait à l'endroit que j'ai entendu M. Monkbarns appeler le réfractoire (Edie voulait probablement dire le réfectoire) d'où on allait à l'appartement du prieur. Par ce moyen le prieur pouvait écouter ce que les moines disaient pendant leurs repas, savoir s'ils chantaient de bon cœur leurs psaumes, et quand il avait reconnu que tout était en règle, descendre là-bas dans la grotte et y aller joindre quelque égrillarde, car c'étaient de fiers compères que ces moines, à moins que tout ce qu'on en a dit ne soit des mensonges. Mais nos gens se sont donné bien du mal il y a déjà long-temps pour boucher le passage d'un côté, et le démolir d'un autre, de crainte que des fâcheux ne le découvrissent, et n'en profitassent pour descendre dans la caverne, ce qui aurait été une mauvaise affaire pour nous, car il ne s'agissait de rien moins que de notre cou.

Ils arrivèrent alors à un endroit où la galerie s'élargissait en cercle et devenait assez spacieuse pour contenir un banc de pierre. Une niche qu'on y avait pratiquée se projetait jusque dans le chœur; comme les côtés en étaient garnis d'ornemens percés à jour, on pouvait de là voir toute cette partie de l'édifice, ce qui, dit Edie, avait probablement été imaginé pour donner au prieur le moyen de surveiller la conduite de ses moines, sans pouvoir en être vu lui-même, et s'assurer par ses propres yeux qu'ils s'acquittaient des devoirs de dévotion que son rang l'exemptait de partager avec eux. Cette niche étant semblable à toutes celles qui régnaient en ordre régulier tout autour du chœur, et ne différant aucunement des autres à l'extérieur, il était impossible de voir d'en-bas celui qui se trouvait à ce poste d'observation; il était d'autant mieux caché qu'un saint Michel de pierre terrassant un dragon, figurait devant la niche. Le passage, se resserrant ensuite, conduisait encore beaucoup plus loin autrefois, mais les vagabonds dont la caverne de Sainte-Ruth était jadis le point de ralliement, avaient eu la précaution de le boucher avec de grosses pierres qu'ils avaient prises dans les ruines.

Edie s'assit sur le banc de pierre, et y étendant un pan de son manteau bleu, il fit signe à Lovel de s'y placer à côté de lui.—Nous serons mieux ici qu'en-bas, lui dit-il; l'air y est plus doux et plus sain, et l'odeur des fleurs et des arbrisseaux qui croissent dans les ruines vaut mieux que l'humidité de la grotte. Ces fleurs semblent plus parfumées dans la nuit, et l'on n'en voit jamais un si grand nombre qu'aux environs des bâtimens ruinés. Or, dites-moi, M. Lovel, quelqu'un de vos savans pourrait-il m'en donner une bonne raison?

— Je n'en connais aucune, dit Lovel.

— Je pense, reprit le mendiant, qu'il en est comme de ces dons qui paraissent plus agréables à celui qui les reçoit dans l'adversité, ou c'est peut-être une parabole pour nous apprendre à ne pas mépriser ceux qui sont tombés dans les tribulations ou dans les ténèbres du péché, puisque Dieu envoie des parfums pour égayer l'heure la plus sombre du jour, et couvre de fleurs et d'arbrisseaux les édifices en ruine. Et maintenant je voudrais qu'un homme sage pût me dire si le ciel n'est pas charmé du spectacle que nous avons sous les yeux, de ces longues bandes de lumière que la lune dépose sur le pavé de cette vieille église, ou qui, jaillissant soudain à travers ces grands piliers et ces sculptures des fenêtres, y étincellent comme sur les feuilles du sombre lierre quand le vent les agite; je serais bien surpris si ce spectacle ne charme pas plus le ciel que celui qu'offrait cette enceinte quand elle était illuminée avec des lampes et des cierges, qu'on y brûlait la myrrhe et l'encens dont on parle dans les Écritures, et qu'on y entendait la voix des hommes et des femmes, le son des orgues, des trompettes, des psaltérions, et de tous les instrumens de musique? Je serais bien surpris si ce n'était pas là toute cette pompe que l'Écriture appelle abomination. — Je pense, M. Lovel, que si deux pauvres cœurs contrits comme le vôtre et le mien peuvent offrir une humble prière.....

— Paix! s'écria Lovel en pressant vivement le bras du mendiant; je viens d'entendre quelqu'un parler.

— J'ai l'oreille dure, répondit le mendiant à voix basse; mais nous sommes ici bien en sûreté. D'où venait le bruit?

Lovel lui montra la porte du chœur chargée d'une profusion d'ornemens, qui était située à l'un des bouts du bâtiment du côté de l'ouest, et au-dessus de laquelle était une fenêtre qui donnait un libre passage aux rayons de la lune.

— Ce ne peut être aucun de nos gens, dit Edie en parlant avec précaution ; car il n'y en a plus que deux qui connaissent cet endroit, comme je vous le disais, et ils sont bien loin d'ici si leur pèlerinage en cette vie n'est pas terminé. Jamais je ne croirai que les officiers de justice viennent ici à une pareille heure, et je n'ai pas de foi dans les contes d'esprits et de revenans que font les vieilles femmes, quoique ce soit l'heure et le temps propices pour en voir s'il en existe. Mais que ce soient des habitans de ce monde ou de l'autre, les voici : deux hommes avec une lumière.

Et en effet, tandis que le mendiant parlait ainsi, l'ombre de deux hommes, projetée en avant par les rayons de la lune, précéda leur entrée dans le chœur, et la petite lanterne que l'un d'eux portait à la main jetait une lueur pâle devant l'éclat argenté que répandait cet astre, comme l'étoile du soir se fait distinguer à peine au milieu des rayons affaiblis du soleil couchant. L'idée la plus vraisemblable, malgré l'assurance d'Ochiltrie, était que les personnes qui venaient visiter les ruines à une heure si indue étaient des officiers de justice qui cherchaient Lovel ; cependant rien dans leur conduite ne semblait justifier ce soupçon. Le mendiant toucha le bras de son compagnon, et lui dit tout bas que ce qu'ils avaient de mieux à faire était de rester sans faire le moindre bruit dans l'endroit où ils se trouvaient, et de suivre des yeux tous les mouvemens de ces deux individus. S'il arrivait quelque chose qui leur fît juger à propos de songer à la retraite, ils pouvaient gagner la caverne par l'escalier secret, et de là se cacher dans le bois, où l'obscurité empêcherait qu'on ne les poursuivît. Ils restèrent donc immobiles, observant avec inquiétude et curiosité les deux étrangers.

Ceux-ci, après avoir causé quelques instans à voix basse près de la porte, s'avancèrent vers le milieu du chœur; et une voix qu'à son accent Lovel reconnut sur-le-champ pour celle de Dousterswivel, prononça assez distinctement les paroles suivantes :

— En férité, mon pon monsieur, pas poufoir troufer plus beau temps, moment plus faforable pour notre grande entreprise. Fous foir pientôt que tout ce que mein herr Oldenbuck afoir dit n'être rien que fadaises. Lui pas plus safoir ce que lui dire qu'un petit enfant, sur mon ame! Lui espérer defenir riche comme un juif pour ses paufres miséraples cent lifres, dont moi pas plus me soucier, sur mon honneur, que de cent liards. Mais à fous, mon munificent et respectable patron, je fouloir fous montrer tous les secrets de mon art; oui, même le secret du grand Pymander.

— Suivant toute vraisemblance, dit Edie à voix basse, il faut que cet autre soit sir Arthur Wardour; je ne connais que lui capable de venir ici à une pareille heure avec ce coquin d'Allemand. On croirait que ce charlatan l'a ensorcelé; il lui ferait croire que de la chaux est du fromage. Mais voyons ce qu'ils viennent faire ici.

Cette interruption empêcha Lovel de faire attention à la réponse du baronnet, et il n'en put entendre que les derniers mots, qui furent prononcés avec emphase...... une bien grande dépense!

— Une grande dépense! répéta Dousterswivel; sans doute cela être indispensaple. Fous pas poufoir récolter afant d'afoir semé: la dépense être la semence; l'or, l'argenterie, les pijoux, les trésors être la récolte; fort ponne récolte, sur ma parole. Or, sir Arthur, fous afoir semé cette nuit dix guinées, petite semence, une prise de tabac ; mais si fous ne pas recueillir une grande récolte, grande en proportion de la petite pincée de semence, car fous safoir que l'une être la conséquence de l'autre, moi fous permettre de ne jamais regarder Herman Dousterswivel comme un honnête homme. Maintenant, mon pon patron, moi fous prier de regarder cette petite assiette d'argent ; car moi n'afoir pas de secrets pour fous : fous safoir que la lune traferser tout le zodiaque en vingt-huit jours ; le plus petit enfant safoir cela. Eh pien, moi prendre une assiette d'argent quand elle être dans sa quinzième maison, laquelle maison être la *palance*, et graver sur un des côtés les mots en gothique 𝔰𝔠𝔥𝔢𝔡𝔥𝔞𝔯𝔰𝔠𝔥𝔢𝔪𝔬𝔱𝔥 𝔰𝔠𝔥𝔞𝔯𝔱𝔞𝔠𝔥𝔞𝔫, ce qui signifie l'intelligence de l'intelligence de la lune ; ensuite faire ce dessin comme un serpent afec une tête de dindon : fort bien. Puis de l'autre côté grafer une taple lunaire, un carré de neuf multiplié par lui-même, avec quatre-vingt-un nombres de chaque côté et neuf de diamètre. Fous foir que tout cela être pien proprement exécuté : or toutes les fois que la lune changer de quartier, moi poufoir m'en serfir pour troufer des trésors en proportion de mes dépenses de fumigations, comme neuf est le produit de la multiplication.

— Mais, Dousterswivel, dit le crédule baronnet, ceci ne sent-il pas la magie ? Je suis, quoique indigne, un véritable fils de l'église épiscopale, et je ne veux avoir aucune relation avec le malin esprit.

— Bah ! bah ! n'y afoir pas la moindre magie dans cela : tout être fondé sur l'influence planétaire, et sur la sympathie et la force des nombres. Moi fous faire foir par la suite de pien plus pelles choses. Cependant moi ne pas fous dire que le tout s'opérer sans l'aide d'un esprit, à cause de la fumigation, mais si fous afoir pas peur, lui se montrer à fos yeux.

— Je n'ai pas la moindre curiosité de le voir, dit le baronnet, qui, d'après le son de sa voix, semblait avoir un accès de fièvre.

— C'est pien dommage. Moi afoir été pien aise de fous montrer l'esprit gardien du trésor, comme un chien figilant. Moi safoir comment agir afec lui, mais si fous pas fouloir le foir.......

— Je ne m'en soucie guère, répondit le baronnet d'un ton d'indifférence. Mais il est temps de songer à notre affaire.

— Pas encore, mon pon patron; il n'est pas encore minuit, et minuit être précisément notre heure planétaire, et alors moi poufoir fous montrer l'esprit. Pour cela, moi tracer un pentagone dans un cercle, ce qui n'être pas difficile; faire ensuite ma fumigation au centre, et nous être là comme dans un château pien fortifié; fous tenir l'épée à la main, moi prononcer les paroles, et alors fous foir la muraille s'oufrir comme la porte d'une cité, et puis...... un instant...... oui, foir d'apord un cerf poursuifi et terrassé par trois grands chiens noirs, comme aux grandes chasses de notre électeur, et alors un filain petit nègre prendre le cerf, et paf! tout disparaît. Ensuite fous entendre une symphonie de cor retentir dans toutes les ruines. Pon morceau de musique, sur ma parole, aussi pon que ce que fous afoir jamais entendu de Fischer sur le hautpois. Fort pien! Fient ensuite le héraut, comme nous aspeler Ehrenhold, sonnant du cor, suifi du grand Peolphan que nous nommer le grand chasseur du nord, monté sur un coursier, et....... mais fous pas fous soucier de foir tout cela.

— Ce n'est pas que...... que je craigne ; mais...... on dit qu'il...... qu'il arrive quelquefois...... de grands accidens en de telles occasions.

— Des accidens ! Pon ! non, non. Seulement si le cercle n'être pas pien tracé, ou si celui qui tenir l'épée afoir peur et ne pas la tenir pien ferme horizontalement, le grand chasseur prendre alors son afantage, entrer dans le cercle, et étrangler l'exorciste. Cela s'être fu quelquefois.

— Eh bien, Dousterswivel, sans douter ni de mon courage ni de votre science, dispensons-nous de l'apparition, et procédons à nos opérations.

— De pien pon cœur ; cela m'être égal. Mais foici le moment. Tirez fotre épée, tandis que moi allumer ce que vous appeler des copeaux.

En même temps il arrangea un petit bûcher de copeaux qu'il avait apportés, et qu'il avait enduits d'une matière bitumineuse pour donner plus d'ardeur à la flamme ; et quand elle fut bien vive, et qu'elle teignit d'une lueur rougeâtre les murs qui l'entouraient, il y jeta une poignée de je ne sais quelle poudre qui produisit une odeur très-forte, et comme il y entrait beaucoup de soufre, elle fit éternuer l'exorciste et son élève, et la vapeur, se répandant dans tout le chœur, monta sous les narines de Lovel et du mendiant, sur lesquels elle produisit le même effet.

— Est-ce un écho ? dit le baronnet surpris d'entendre la répétition de ce bruit. — Et se rapprochant de l'adepte : — Ne serait-ce pas, ajouta-t-il, l'esprit dont vous parliez, qui tourne en ridicule notre tentative pour nous emparer du trésor confié à sa garde ?

— N..... n..... non, répondit en bégayant l'Allemand,

qui commençait à partager la terreur de son patron; moi me flatter du contraire.

Ici un éternument sonore qu'Ochiltrie ne put retenir se fit encore entendre, ainsi que le bruit d'une toux étouffée, qu'il n'était plus possible de regarder comme un écho. Nos deux chercheurs de trésor restèrent confondus.

— Que le ciel ait pitié de nous! dit le baronnet.

— *Alle guten geistern loben den hernn!* s'écria l'adepte épouvanté. Mon pon sir Arthur, continua-t-il, moi commencer à croire que nous afoir rien de mieux à faire que de nous en aller, et de refenir demain en plein jour.

— Misérable jongleur, s'écria le baronnet, en qui cette proposition éveilla des soupçons qui l'emportèrent sur sa terreur, et poussé au désespoir par la connaissance qu'il avait du fâcheux état de ses affaires; impudent charlatan, c'est un tour que vous avez préparé pour vous dispenser d'exécuter votre promesse, comme cela vous est arrivé si souvent. Mais de par le ciel, je saurai cette nuit à qui je me suis fié quand j'ai souffert que vous travaillassiez à ma ruine. Faites votre devoir; qu'il vienne des esprits ou des diables, il faut que vous me montriez le trésor, ou que vous confessiez que vous êtes un coquin et un imposteur, ou, sur la foi d'un homme ruiné et désespéré, je vous envoie dans un monde où vous verrez des esprits plus que vous n'en voudriez voir.

L'Allemand, partagé entre la terreur que lui inspiraient les êtres surnaturels dont il se supposait environné, et la crainte pour sa vie, qui semblait à la merci d'un furieux, ne put que lui dire du ton le plus hum ble : — Mon pon patron, fous n'être pas confenaplement prudent ; fous defoir considérer que les esprits.....

En ce moment Edie, qui commençait à s'amuser de cette scène, fit entendre une sorte de gémissement extraordinaire, et qui n'était que le prolongement du ton lamentable qu'il employait en demandant l'aumône : Dousterswivel se laissa tomber sur ses genoux.

— Mon pon sir Arthur, falloir nous en aller ; falloir que moi m'en aller !

— Non, misérable coquin, dit sir Arthur en tirant l'épée qu'il avait apportée pour les cérémonies de l'exorcisme, cette ruse ne vous réussira point. Il y a long-temps que Monkbarns m'a averti d'être en garde contre vous. Je verrai ce trésor avant que vous sortiez d'ici, ou je vous ferai avouer que vous n'êtes qu'un imposteur, ou je vous passerai cette épée au travers du corps, en dépit de tous les esprits et de tous les revenans du monde.

— Pour l'amour du ciel, mon honorable patron, un peu de patience. Fous afoir pientôt tout le trésor que moi connaître, fous l'avoir en férité. Mais fous point parler des esprits, autrement fous les mettre en colère.

Ochiltrie se préparait à pousser un second gémissement ; mais il en fut empêché par Lovel, qui commençait à prendre un intérêt sérieux à cette affaire en voyant l'air décidé et presque désespéré de sir Arthur. Dousterswivel, tremblant de la double crainte que lui inspiraient les esprits d'un côté et le baronnet de l'autre, joua fort mal le rôle de sorcier, n'osant prendre le degré d'assurance nécessaire pour tromper sir Arthur, de peur d'exciter le courroux des êtres invisibles qu'il redoutait. Cependant, après avoir roulé des yeux hagards de côté et d'autre, et avoir prononcé quelques mots allemands en faisant des contorsions qui étaient l'effet de la terreur qu'il éprouvait, plus que du désir d'en imposer, il s'avança enfin vers un coin du bâtiment où la terre était couverte d'une grande pierre plate sur laquelle était gravée en bas-relief l'effigie d'un guerrier armé de toutes pièces, et il dit à sir Arthur à demi-voix : — C'être ici, mon digne patron; que Dieu fouloir nous protéger!

Le baronnet, qui, après avoir imposé silence à ses craintes superstitieuses, semblait s'être armé de toute sa résolution pour mettre à fin cette aventure, aida l'adepte à soulever cette pierre par le moyen d'un levier dont ils s'étaient munis, et leurs forces réunies n'en vinrent à bout qu'avec peine. Aucune lumière surnaturelle ne brilla soudainement pour indiquer le trésor souterrain, et aucun esprit terrestre ou infernal ne se rendit visible. Dousterswivel, en tremblant, donna à la hâte quelques coups de pioche, car ils avaient apporté tous les instrumens nécessaires. Puis il retira avec une pelle la terre qu'il venait de remuer, et sir Arthur entendit un son semblable à celui qu'eût produit la chute d'un morceau de métal. Dousterswivel ramassa promptement l'objet qui l'avait produit. — Mon pon patron, s'écria-t-il, sur mon honneur, c'être tout ce que nous poufoir trouver cette nuit. Et en même temps il jetait autour de lui un regard inquiet, comme pour voir si quelque esprit ne paraîtrait pas pour confondre son imposture.

— Voyons, dit sir Arthur : voyons, répéta-t-il d'un ton plus ferme; je veux me satisfaire; je veux juger par mes propres yeux. — Prenant des mains de Dousterswivel une petite boîte ou cassette dont Lovel ne put distinguer la forme, et l'examinant à la lueur de la lanterne, il fit une exclamation qui fit penser aux deux témoins de cette scène qu'elle était pleine d'argent. — J'en conviens, dit le baronnet, la prise n'est pas mauvaise, et si l'on peut espérer un succès proportionné en risquant davantage, eh bien, on le risquera. Ces six cents livres de Goldieworth jointes à tant d'autres demandes qu'on me fait, auraient entraîné ma ruine. — Si vous croyez que nous puissions réussir une seconde fois, au prochain quartier de la lune, je suppose, en faisant les avances nécessaires, coûte qui coûte, je les ferai.

— Mon respectaple patron, ce n'est pas à présent le moment d'en parler : fous fouloir pien m'aider à remettre la pierre à sa place, et nous en aller pien fite. — Et dès que la pierre fut replacée, il entraîna sir Arthur, qui lui avait rendu toute sa confiance, loin d'un endroit que la conscience troublée de l'Allemand, et ses craintes superstitieuses, lui représentaient comme rempli d'esprits vengeurs qui, cachés derrière chaque pilier, guettaient l'instant de le punir de sa fourberie.

— Qui vit jamais pareille chose ! s'écria Edie quand ils eurent disparu comme deux ombres. Mais que peut-on faire pour ce pauvre diable de baronnet sans cervelle ? Il a pourtant prouvé qu'il avait du sang dans les veines : plus que je ne l'aurais pensé. J'ai cru un moment qu'il aurait fait sentir le froid de sa lame à ce vagabond. Sir Arthur n'avait pas tant de courage au Tablier-de-Bessy l'autre soir; mais alors il n'était pas en colère, et cela fait une différence. J'ai connu telles gens qui, dans la colère, auraient tué un homme comme une mouche, et qui ne se seraient pas souciés d'être brisés contre la Corne de la Vache. Mais que peut-on faire pour lui ?

— Je présume, dit Lovel, que ce coquin a regagné toute sa confiance par cette fourberie qu'il avait sans doute préparée d'avance.

— Quoi! l'argent? Oui, oui; fiez-vous à lui pour cela. Celui qui cache une chose sait où la trouver. Il veut en tirer jusqu'à sa dernière guinée, et s'enfuir dans son pays, en vrai transfuge. J'aurais voulu me trouver à portée de lui faire sentir mon bâton ferré; il aurait cru que c'était une bénédiction que lui donnait quelqu'un des vieux abbés enterrés ici. Mais il est prudent de ne pas faire de coup de tête. Ce n'est pas toujours le meilleur sabre qui fait les plus profondes blessures, c'est la manière de s'en servir. Je le retrouverai quelque jour.

— Si vous informiez M. Oldbuck de ce qui vient de se passer.

— Je ne sais trop. Monkbarns et sir Arthur se ressemblent sans se ressembler. Quelquefois le baronnet écoute Monkbarns, et d'autres fois il ne s'en soucie pas plus que de moi. Monkbarns lui-même n'est pas plus sage qu'il ne faut sur bien des choses. On lui fait croire qu'un vieux liard est une ancienne médaille romaine, comme il l'appelle, et qu'un fossé creusé il y a quelques années est un vieux camp. Il ne s'agit que de savoir mentir. Je lui ai fait moi-même plus d'un conte, Dieu me pardonne! mais avec tout cela il n'a guère de compassion pour les autres, et il leur jette au nez leurs sottises comme s'il n'en avait aucune à se reprocher. Il vous écoutera toute la journée si vous lui faites des contes sur Wallace (1), l'aveugle Harry et David Lind-

---

(1) Ancien ménestrel écossais. — Éd.

say (1); mais il ne faut lui parler ni d'esprits, ni de fées, ni de revenans, ni de rien de semblable. Il a été une fois sur le point de jeter le vieux Caxon par la fenêtre, parce qu'il soutenait qu'il avait vu un esprit sur le Humlock-Knowe. Or, s'il prenait cette affaire de travers, il ne ferait que graisser les bottes du coquin, et tout irait de mal en pis. C'est ce qui est arrivé deux ou trois fois au sujet de cette entreprise de mines : On aurait dit que sir Arthur prenait plaisir à s'enfoncer davantage dans le bourbier, précisément parce que Monkbarns lui conseillait de s'en tirer.

— Mais quel inconvénient trouveriez-vous à donner un mot d'avis à miss Wardour?

— La pauvre fille? Et comment pourrait-elle empêcher son père d'en faire à sa tête? Et d'ailleurs à quoi cela servirait-il? Il court un bruit dans le pays qu'un créancier de sir Arthur lui demande en ce moment le paiement de six cents livres sterling, et qu'un limier de justice d'Édimbourg lui mord les jarrets jusqu'à l'os pour le faire payer; s'il ne peut en venir à bout, il faut qu'il aille en prison ou qu'il quitte le pays. C'est comme un homme qui se noie; il s'accroche à tout ce qu'il peut trouver, pour tâcher de se tirer de l'eau. Ainsi donc, à quoi bon causer du tourment à la pauvre fille pour ce qu'elle ne peut empêcher? D'ailleurs, pour dire la vérité, je ne me soucie point de faire connaître le secret de cet endroit-ci. Vous voyez vous-même qu'il est commode d'avoir une cachette à soi; et quoique je ne sois plus dans le cas d'en avoir besoin, et que j'espère, avec l'aide de la grace divine, ne plus m'y trouver jamais, on

---

(1) Auteur déjà cité plusieurs fois. — Éd.

ne sait à quelle tentation on peut être exposé; et..... en un mot, je ne puis supporter l'idée de faire connaître cette retraite à personne. Gardez une chose sept ans, dit un proverbe, et vous trouverez l'occasion de vous en servir. Qui sait si cette caverne ne peut pas encore un jour m'être utile, pour moi ou pour quelque autre?

Ochiltrie appuyait sur ce raisonnement avec une chaleur qui, malgré les lambeaux de morale et de piété dont il le revêtait, annonçait l'intérêt personnel qu'il y prenait, peut-être par suite de ses anciennes habitudes; et Lovel ne pouvait guère chercher à le réfuter dans un moment où il profitait du secret dont le vieillard paraissait si jaloux.

Cet incident pourtant fut fort utile à notre héros, en écartant de son esprit le souvenir du malheureux événement qui avait terminé son duel, et en rallumant dans son ame l'énergie que ce malheur semblait y avoir éteinte. Il réfléchit qu'une blessure dangereuse n'était pas toujours mortelle; qu'il était parti avant que le chirurgien eût pu donner son opinion sur l'état où se trouvait le capitaine Mac-Intyre; qu'en mettant les choses au pire, il lui restait à remplir sur la terre des devoirs qui, s'ils ne pouvaient rétablir la paix dans son cœur et faire taire ses remords, lui fourniraient du moins des motifs pour supporter l'existence, et pour en alléger le poids par de bonnes actions.

Tels étaient les sentimens de Lovel quand arriva le moment où, d'après le calcul d'Edie, qui, par une méthode qu'il s'était faite sans le secours de l'astronomie, connaissait par l'inspection des astres toutes les heures de la nuit sans avoir besoin de montre ou d'horloge, il était temps de quitter leur retraite pour se rendre sur le bord de la mer, où le lieutenant Taffril avait promis d'envoyer sa chaloupe.

Ils se retirèrent par le même passage qui les avait conduits dans l'observatoire secret du prieur ; et quand, sortis de la grotte, ils se trouvèrent dans le bois, les oiseaux, par leurs gazouillemens et même par leurs chants, annonçaient le lever prochain de l'aurore ; de légers nuages couleur d'ambre qu'ils aperçurent du côté de l'orient, dès qu'étant sortis du bois ils purent étendre leur vue à l'horizon, confirmèrent ces présages. Le matin est, dit-on, l'ami des muses : l'impression qu'il produit sur le corps et sur l'imagination des hommes est probablement ce qui lui a valu cette réputation. Ceux même qui, comme Lovel, ont passé une nuit dans la fatigue et l'inquiétude, sentent que l'air frais du matin rend la force et la vivacité à leur corps et à leur esprit. Ce fut donc avec un nouveau courage et une nouvelle ardeur que Lovel suivit les pas du mendiant qui lui servait de guide, et il traversa les dunes couvertes de rosée qui séparaient le rivage du bois de Sainte-Ruth, ainsi qu'on appelait la partie de la forêt qui environnait les ruines.

Le premier rayon du soleil, lorsque son disque d'or sortit de l'Océan, tomba sur le brick qui était en rade. La chaloupe était déjà près du rivage à l'endroit indiqué, et Taffril enveloppé de son manteau était assis sur la poupe. Dès qu'il vit Lovel s'approcher il sauta à terre, et lui serrant la main, il l'engagea à prendre courage. — La blessure de Mac-Intyre, lui dit-il, était dangereuse, mais laissait quelque espoir de guérison. Il avait eu l'attention de faire porter secrètement à bord de son brick le bagage de Lovel ; et il se flattait, ajouta-t-il, que si M. Lovel voulait rester sur son navire, la pénitence d'une courte croisière serait la seule suite désagréable qu'aurait son duel. Quant à lui, il était maître de son temps et de ses mouvemens, sauf l'obligation indispensable de rester à son poste.

— Nous parlerons à bord de ce que nous aurons à faire, lui répondit Lovel. Se tournant alors vers Edie, il s'efforça de lui mettre dans la main quelques billets de banque.

— Je crois, dit le mendiant en retirant sa main et en faisant un pas en arrière, que tout le monde est devenu fou, ou qu'on a juré de ruiner mon métier, de même qu'on dit que trop d'eau ruine le meunier. Depuis deux ou trois semaines on m'a offert plus d'argent que je n'en avais vu dans toute ma vie. Gardez cela, mon bon jeune homme, vous pourrez en avoir besoin, croyez-moi; et moi je n'en ai que faire. Mon vêtement n'est pas d'une grande dépense, et l'on me donne tous les ans un manteau bleu et autant de groats (1) d'argent que le roi compte d'années : que Dieu le conserve! Vous et moi, capitaine Taffril, nous servons le même maître, comme vous le savez ; vous voyez donc que je suis un vieux bâtiment qui a tous ses agrès. Quant à ma vie, je n'ai que la peine de la demander en faisant ma tournée; et au besoin un jeûne de vingt-quatre heures ne m'effraie pas, car je me fais une règle de ne jamais rien payer pour ma nourriture; de sorte que je n'ai besoin d'argent que pour acheter du tabac, et quelquefois un petit verre d'eau-de-vie quand le temps est trop froid, quoique je ne sois pas ivrogne. Ainsi re-

(1) Valant 16 sous environ. — Éd.

mettez vos billets dans votre poche, et donnez-moi un shilling blanc de lys.

Sur les articles qu'Edie regardait comme intimement liés avec l'honneur de sa profession vagabonde, il était d'airain et de diamant. Toute l'éloquence et toutes les prières du monde seraient venues se briser contre la fermeté de sa résolution. Lovel fut donc obligé de lui céder, et lui fit ses adieux en lui secouant affectueusement la main et en l'assurant qu'il n'oublierait jamais le service important qu'il lui avait rendu. Ensuite le tirant un instant à part, il lui recommanda le secret sur l'aventure dont ils venaient d'être témoins.

— Soyez tranquille, répondit Ochiltrie, jamais je n'ai parlé de ce qui s'est passé dans cette caverne, quoique j'y aie vu bien des choses.

La chaloupe s'éloigna alors du rivage avec toute la vitesse que pouvaient lui communiquer six bons rameurs. Le vieillard resta quelque temps à la regarder ; et Lovel le vit encore agiter en l'air son bonnet bleu comme pour lui faire ses adieux, et se retirer ensuite le long des sables pour reprendre le cours de sa vie vagabonde.

CHAPITRE XXII.

―――

« Courbé sur son creuset, Raymond, qui se croit sage,
» Dans l'aspect du danger puise un nouveau courage.
» Il a vu tous ses biens se fondre en son fourneau ;
» Deux fois son espérance est allée à vau-l'eau :
» Mais un troisième effort réussissant peut-être,
» Sous ses heureuses mains il verra l'or renaître. »

Ancienne comédie.

Environ une semaine après les aventures rapportées dans le chapitre précédent, M. Oldbuck, descendant un matin pour déjeuner, trouva que sa gent femelle n'était pas à son poste ; ses rôties n'étaient pas faites, et la coupe d'argent qui recevait ordinairement ses libations de mum (1) n'était pas préparée.

— Cet écervelé, que le ciel confonde ! se dit-il à lui-même, — maintenant qu'il commence à être hors de

(1) Bière faite avec du froment. — Éd.

danger, je ne puis supporter plus long-temps une pareille vie. Tout est en déroute chez moi. Ce sont des saturnales perpétuelles dans ma maison, autrefois si paisible et si bien ordonnée. J'appelle ma sœur, point de réponse. Je crie, je m'égosille, j'invoque toutes mes femelles par plus de noms que les Romains n'en donnaient à leurs divinités ; enfin Jenny, dont j'entends la voix aigre depuis une demi-heure dans les régions subterranées de la cuisine, a la bonté de me répondre, mais sans se donner la peine de monter l'escalier, de sorte qu'il faut continuer la conversation aux dépens de mes poumons. Et il commença de nouveau à crier:
— Jenny! Jenny! où est miss Oldbuck?

— Dans la chambre du capitaine.

— Hum! je m'en doutais. Et où est ma nièce?

— Elle prépare le thé du capitaine.

— Fort bien! c'est encore ce que je supposais. Et où est Caxon?

— Il est allé chercher à Fairport le fusil et le chien d'arrêt du capitaine.

— Et qui diable arrangera ma perruque? Sera-ce vous, sotte que vous êtes? Quand vous saviez que miss Wardour et sir Arthur doivent venir ici ce matin, de bonne heure, comment est-il possible que vous ayez laissé partir Caxon pour s'occuper de telles niaiseries?

— Moi! est-ce que je pouvais l'en empêcher? Est-ce que Votre Honneur voudrait que je contrariasse le capitaine, un homme qui va peut-être mourir?

— Mourir! hein? comment? est-ce qu'il est plus mal?

— Plus mal? non pas que je sache.

— En ce cas il est donc mieux. Et qu'est-ce que j'ai

besoin ici d'un chien et d'un fusil, si ce n'est pour que l'animal gâte tous mes meubles, pille mon garde-manger, tourmente mon chat, et que l'arme à feu, que les anciens, heureusement pour eux, ne connaissaient point, brise le crâne de quelqu'un ? Il me semble qu'il a été assez bien servi par le pistolet pour pouvoir se passer de poudre et de plomb d'ici à quelque temps.

En ce moment, miss Oldbuck entra dans l'appartement au rez-de-chaussée, à la porte duquel notre antiquaire avait cet entretien avec Jenny, qui lui répondait du fond de sa cuisine. — Mais, mon frère, lui dit-elle, vous vous rendrez la voix aussi enrouée que celle d'un corbeau, si vous criez ainsi. Doit-on faire un pareil bruit dans une maison où il y a un malade ?

— Sur ma parole, le malade finira par s'emparer de toute la maison. Je me suis passé de déjeuner, il paraît qu'il faudra me passer de perruque; et je présume qu'il m'est défendu de dire que j'ai faim ou froid, de peur de troubler le repos du pauvre malade qui est à l'autre bout de la maison, et qui se trouve assez bien pour envoyer chercher son chien et son fusil, quoiqu'il sache fort bien que je déteste tout cet attirail, depuis que notre frère aîné, le pauvre Williewald, a délogé de ce monde, pour avoir gagné de l'humidité aux pieds en chassant dans les marais de Kittlefitting. Mais qu'importe, on s'attend sans doute que j'aiderai le capitaine Hector à sortir de sa litière, pour qu'il puisse se donner le plaisir de tirer sur les pigeons ou les dindons de ma basse-cour, car je crois que d'ici à quelque temps il ne sera redoutable que pour les animaux domestiques, et que les *feræ naturæ* n'auront rien à craindre de lui.

Miss Mac-Intyre entra en ce moment, et se sentant en retard pour préparer le déjeuner de son oncle, elle voulut réparer le temps perdu, en redoublant de vitesse, mais elle n'y gagna rien.

— Prenez donc garde à ce que vous faites, étourdie Cela est trop près du feu. — Vous allez casser la bouteille. — Voulez-vous réduire en charbon ma rôtie pour en faire une offrande à Junon, ou n'importe le nom de ce chien femelle qui vient d'entrer avec vous, et que votre sage frère, dans son premier moment de raison, a ordonné d'amener ici, attention dont je le remercie. Au surplus, c'est une compagnie très-sortable, elle aidera les autres femelles de ma maison à l'amuser et à tenir conversation avec lui.

— Mon cher oncle, ne vous mettez pas en colère contre cette pauvre épagneule. Elle était enchaînée dans le logement de mon frère à Fairport ; elle a rompu sa chaîne deux fois, et elle est accourue jusqu'ici. Vous n'auriez pas voulu qu'on chassât cette fidèle créature. Elle pousse des cris plaintifs, comme si elle savait que son maître est malade, et elle veut à peine quitter la porte de sa chambre.

— Mais on disait que Caxon était allé chercher à Fairport son chien et son fusil.

— Mon Dieu non, mon oncle ; seulement, comme Caxon allait à la ville chercher quelques drogues dont on avait besoin pour panser la blessure d'Hector, mon frère lui a dit de profiter de ce voyage pour lui rapporter son fusil.

— Puisqu'il fallait que Caxon allât à Fairport, la sottise n'est pas aussi grande que j'aurais pu le croire, tant de femelles s'en étant mêlées. Panser sa blessure !

et qui pansera ma perruque? Je suppose que Jenny, ajouta le vieux garçon en se regardant dans une glace, se chargera de lui donner une tournure décente. Maintenant songeons à déjeuner avec l'appétit qui nous reste. Je puis dire à Hector ce que sir Isaac Newton dit à son chien Diamant, quand cet animal (je déteste les chiens), ayant renversé une bougie sur une table couverte de papiers, le feu y prit, et consuma des calculs qui avaient coûté au philosophe vingt ans de travail :— Diamant, Diamant, tu ne sais guère quel malheur tu viens de causer !

— Je vous assure, mon oncle, qu'Hector a le plus grand regret de son étourderie, et il convient que M. Lovel s'est conduit très-honorablement.

— Cela lui sera fort utile, quand il l'a forcé à quitter le pays par crainte des suites de cette belle affaire. Je vous dis, Marie, que l'entendement d'Hector et, à plus forte raison, celui de toute la gent femelle, n'est pas en état de comprendre l'étendue de la perte que cette mauvaise tête vient de causer non-seulement à ses contemporains, mais à toute la postérité. Un poëme sur un sujet si heureux ! *Aureum quidem opus* (1), avec des notes pour faciliter l'intelligence de tout ce qui est clair, de tout ce qui est obscur, et de ce qui n'est ni clair ni obscur, mais qu'on n'entrevoit qu'à travers un sombre crépuscule dans la région des antiquités calédoniennes. J'aurais forcé les panégyristes des Celtes à prendre garde à eux. Fingal, comme ils se donnent la liberté de nommer Fin-Mac-Coul, aurait disparu devant mes savantes recherches, enveloppé dans son nuage, comme l'esprit de Loda. Un vieillard à cheveux gris peut-il es-

(1) Réellement un ouvrage d'or. — Tr.

pérer de retrouver jamais une pareille occasion? Et l'avoir perdue par l'extravagance d'un cerveau brûlé! Mais je me soumets à la volonté du ciel : il faut bien qu'elle s'accomplisse.

L'antiquaire continua à grommeler ainsi, suivant l'expression de sa sœur, pendant tout le déjeuner, et, malgré le sucre, le miel et toutes les confitures qu'on sert à ce repas en Écosse, il le rendit bien amer à celles qui le partageaient avec lui. Mais elles connaissaient le caractère de l'homme. — Monkbarns aboie, disait confidentiellement miss Oldbuck à miss Rebecca Blattergowl, mais il ne mord pas.

Son esprit avait été violemment agité tant que son neveu avait été en danger. Maintenant qu'Hector entrait en convalescence, il pouvait se soulager en se plaignant des embarras qu'il avait éprouvés, et de l'interruption qu'avaient subie ses travaux favoris. Sa sœur et sa nièce l'écoutant en silence, il déchargeait ainsi sa bile en sarcasmes contre les femmes, les chiens et les fusils, objets qu'il appelait instrumens de bruit, de discorde, de tumulte, et qu'il avait en horreur.

Cette scène fut interrompue par le bruit d'une voiture. Oldbuck, secouant sur-le-champ sa mauvaise humeur, descendit à la hâte un escalier, et en remonta un autre, car ces deux opérations étaient nécessaires pour aller recevoir miss Wardour et son père à la porte de sa maison.

On se salua de part et d'autre avec cordialité ; et sir Arthur, qui avait envoyé tous les jours demander des nouvelles de la santé du capitaine Mac-Intyre, commença par s'informer comment il se portait.

— Mieux qu'il ne mérite, répondit Oldbuck, mieux qu'il ne mérite après nous avoir causé tant d'embarras par une sotte querelle, et pour avoir enfreint les lois divines et humaines.

— Votre neveu a été un peu imprudent, dit sir Arthur; mais nous lui avons de l'obligation; il nous a fait connaître que ce M. Lovel est un jeune homme suspect.

— Suspect! pas plus qu'il ne l'est lui-même. Il a refusé de répondre aux impertinentes questions d'Hector; voilà tout. Il y a peut-être mis un peu d'opiniâtreté; mais Lovel sait mieux choisir ses confidens. Oui, miss Wardour, vous avez beau me regarder, c'est la vérité; c'est dans mon sein qu'il a déposé la cause secrète de son séjour à Fairport; et, pour l'aider dans l'entreprise à laquelle il s'était dévoué, je n'aurais pas laissé pierre sur pierre.

En entendant le vieil antiquaire faire cette déclaration magnanime, miss Wardour changea de couleur plusieurs fois, et en crut à peine ses oreilles. De tous les confidens qu'on aurait pu choisir dans une affaire d'amour, et Isabelle devait naturellement supposer que telle était la confidence dont il s'agissait, Oldbuck, après Edie Ochiltrie, paraissait le plus extraordinaire et le moins convenable, et elle ne pouvait qu'être surprise et mécontente de la réunion de circonstances qui avait livré un secret d'une nature si délicate à deux personnes si peu propres à en recevoir la confidence. Elle avait maintenant à craindre la manière dont Oldbuck entamerait cette affaire avec son père; car elle ne doutait pas que ce ne fût son intention, et elle savait que l'antiquaire, quoique lui-même plein de préjugés, n'a vait pas beaucoup de compassion pour ceux des autres. Ce fut donc avec beaucoup d'inquiétude qu'elle entendit son père demander à M. Oldbuck un entretien particulier, et qu'elle les vit se lever pour passer dans le cabinet de l'antiquaire. Elle tremblait qu'une explosion désagréable ne suivît l'explication qui allait avoir lieu. Elle resta avec miss Oldbuck et miss Mac-Intyre, et fit tous ses efforts pour continuer la conversation avec elles ; mais elle était dans une situation non moins pénible que celle de Macbeth quand il est forcé d'étouffer la voix de sa conscience pour prêter l'oreille et répondre aux observations sur l'orage de la nuit précédente, tandis que toutes les facultés de son ame sont absorbées dans l'attente de l'alarme de meurtre qu'il sait que doivent donner incessamment ceux qui sont entrés dans la chambre à coucher de Duncan. La conversation des deux antiquaires roula pourtant sur un sujet bien différent de celui qui fixait les pensées de miss Wardour.

— M. Oldbuck, dit sir Arthur, lorsque, après toutes les cérémonies convenables, ils se furent assis dans le *sanctum sanctorum* de l'antiquaire, vous qui connaissez si bien les affaires de ma famille, vous serez peut-être surpris de la question que je vais vous faire.

— S'il s'agit d'argent, sir Arthur, j'en suis vraiment fâché, mais.....

— Il s'agit d'argent, M. Oldbuck.

— Eh bien ! véritablement, sir Arthur, dans le moment actuel, et vu la baisse des fonds publics, je ne puis.....

— Vous ne m'entendez pas, M. Oldbuck. Ce que je veux vous demander, c'est votre avis sur la manière de placer avantageusement une somme d'argent considérable.

—Diable! s'écria l'antiquaire; et sentant que cette exclamation involontaire n'était pas ce qu'il voulait dire de plus poli, il s'empressa de réparer cette inattention en témoignant à son ami combien il était charmé qu'il eût de l'argent à placer dans le moment où chacun se plaignait de la rareté de cette denrée.—Quant à l'emploi à en faire, ajouta-t-il, comme je vous le disais, les fonds publics sont en baisse, et l'on pourrait aussi trouver à acheter quelques portions de terre à assez bon marché. Mais ne feriez-vous pas mieux de commencer par vous débarrasser de vos charges? J'ai ici..... et en parlant ainsi il prit dans un tiroir de son bureau un petit registre rouge que sir Arthur ne connaissait que trop bien, et dont la vue, pour cette raison, lui était insupportable; —j'ai ici, continua-t-il, une obligation de trois reconnaissances qui, en y ajoutant les intérêts, montent ensemble à la somme de... faisons-en le calcul.

—D'environ mille livres sterling, reprit sur-le-champ sir Arthur : vous me l'avez dit il y a quelques jours.

—Mais, depuis ce temps, il est échu un autre terme d'intérêts, et je trouve que le total s'élève à onze cent treize livres sept shillings cinq pences trois quarts. Vérifiez vous-même les calculs.

—Cela est inutile, je suis convaincu qu'ils sont justes, répondit le baronnet en repoussant le registre du même air qu'un homme qui a trop dîné refuse l'assiette bien remplie qu'on le presse encore d'accepter; parfaitement justes, et sous trois jours au plus tard je vous en ferai le paiement, si vous consentez à le recevoir en lingots.

—En lingots! Il s'agit donc de plomb? Diable! Avez-vous enfin trouvé la bonne veine? Mais que voulez-vous que je fasse d'une masse de plomb valant onze cents et tant de livres? Les anciens abbés de Trotcosey auraient pu en couvrir leur église et leur monastère, mais moi...

—En vous proposant des lingots, je n'entends parler que de métaux précieux d'or et d'argent.

—En vérité! Et de quel Eldorado ce trésor a-t-il été importé?

—Il ne vient pas de bien loin. Mais à présent que j'y pense, je vous rendrai témoin de tout, à une petite condition.

—Et quelle est cette condition?

—De m'avancer une centaine de livres sterling pour m'aider dans cette entreprise.

Oldbuck, qui avait déjà palpé en idée la somme qui lui était due, en principal et intérêts, somme qu'il regardait depuis long-temps comme à peu près perdue, fut interdit à cette proposition, et ne put que répéter d'un ton de surprise et de consternation :—Avancer une centaine de livres!

—Oui, mon cher monsieur, et avec les meilleures sûretés possibles d'en être remboursé dans deux ou trois jours.

Il y eut un moment de silence, soit que la mâchoire inférieure d'Oldbuck n'eût pas encore assez bien repris sa position pour le mettre en état de proférer une négation, soit que l'étonnement lui fermât la bouche.

—Je ne vous proposerais pas de me rendre un tel service, continua sir Arthur, si je n'avais des preuves certaines de la réalité des espérances dont je vous entretiens; et je vous assure, M. Oldbuck, qu'en vous donnant tous les renseignemens possibles sur ce sujet, mon dessein est de vous prouver en même temps ma confiance, et la reconnaissance que m'ont inspirée les services que vous m'avez rendus.

L'antiquaire lui fit ses remerciemens, mais eut grand soin de ne pas se compromettre par une promesse inconsidérée.

—M. Dousterswivel, dit sir Arthur, ayant découvert...

Oldbuck l'interrompit les yeux étincelans d'indignation.

—Sir Arthur, s'écria-t-il, je vous ai si souvent averti de vous méfier de ce fripon, de ce charlatan, que je suis surpris que vous prononciez son nom devant moi.

—Mais écoutez, écoutez-moi, quel mal peut-il vous en arriver? Je vous dis que Dousterswivel m'a persuadé d'assister à une expérience qu'il a faite dans les ruines de Sainte-Ruth. Et que croyez-vous que nous y ayons trouvé?

—Quelque autre source dont le fourbe connaissait d'avance la situation.

—Point du tout. Des pièces d'or et d'argent; et les voici.

A ces mots, sir Arthur tira de sa poche une grande corne de bélier garnie d'un couvercle en cuivre, et dans laquelle se trouvaient des pièces d'argent de toute espèce en assez grande quantité, et quelques pièces d'or.

Les yeux de l'antiquaire brillèrent d'un nouveau feu quand il les vit étalées sur la table.

—Sur ma parole, voici une collection de pièces de monnaie d'Écosse, d'Angleterre et des pays étrangers; j'y aperçois quelques *nummi rari, rariores, etiam rarissimi* (1).—Voici la pièce à bonnet de Jacques V, la li-

(1) Pièces rares, très-rares, des plus rares. — Tr.

corne de Jacques II, le teston d'or de la reine Marie, avec sa tête et celle du dauphin. Et tout cela s'est trouvé dans les ruines de Sainte-Ruth?

—Très-assurément; je l'ai vu de mes propres yeux.

— Fort bien, mais il faut que vous me disiez quand, où, comment.....

— Quand? c'était à minuit, à l'époque de la dernière pleine lune. Où? je vous l'ai déjà dit, dans les ruines du prieuré de Saint-Ruth. Comment? par le moyen d'une expérience de Dousterswivel, qui n'était accompagné que de moi.

—En vérité! Mais quels moyens avez-vous employés pour faire cette découverte?

—Une simple fumigation, accompagnée de l'influence de l'heure planétaire.

—Une simple fumigation! double fascination. L'heure planétaire! l'heure triplement patibulaire. Sir Arthur, *sapiens dominabitur astris* (1). Ce misérable a fait de vous une oie sur terre, une oie sous terre, et il aurait fait de vous une oie en plein air, quand on vous a juché au haut de Halket-Head, s'il avait été là. A coup sûr, en ce dernier cas, la métamorphose serait venue fort *à propos*.

— Fort bien, M. Oldbuck; je vous remercie de l'opinion que vous avez de mon discernement; mais j'espère que vous ne refuserez pas de croire que j'ai vu ce que je vous déclare avoir vu...

— Non certainement, sir Arthur, dans ce sens du moins que je suis convaincu que sir Arthur Wardour ne dira jamais qu'il a vu une chose sans croire l'avoir vue.

— Eh bien donc! aussi vrai qu'il existe un firmament sur nos têtes, j'ai vu déterrer ces pièces de monnaie à

(1) Le sage assujettira les astres à son pouvoir. — Tr.

minuit, dans le chœur de l'église de Sainte-Ruth. Et quant à Dousterswivel, quoique ce soit à sa science que cette découverte est due, cependant, pour vous dire la vérité, je crois qu'il n'aurait pas eu la fermeté nécessaire pour mettre l'aventure à fin si je n'eusse été avec lui.

— Vraiment ? dit Oldbuck du ton d'un homme qui, avant de faire des commentaires sur une histoire, désire en entendre la fin.

— Rien de plus vrai. Je vous assure que j'étais sur mes gardes. Nous entendîmes, c'est une chose certaine, des bruits fort extraordinaires sortir des ruines.

— Oui da ? Quelque compère qui y était sans doute caché.

— Point du tout. Les sons avaient un caractère effrayant et surnaturel. Le premier ressemblait à un éternument violent, le second à un gémissement profond. J'ai entendu l'un et l'autre, et Dousterswivel m'assure qu'il a vu l'esprit Peolphan, le grand chasseur du nord, dont vous trouverez mention dans Nicolas Remigius et dans Pierre Tyracus, M. Oldbuck ; cet esprit contrefaisait l'action de priser et d'éternuer.

— C'est un amusement assez singulier pour un si grand personnage, et cependant il était adapté à la circonstance ; car, examinez la corne dans laquelle cet argent était contenu. Telles sont les premières tabatières dont on s'est servi en Écosse, et je suis bien trompé si elle n'a pas servi à cet usage. Mais enfin, en dépit de la terreur inspirée par l'esprit éternuant, vous persistâtes dans votre entreprise.

— Il est assez probable qu'un homme moins ferme et moins sensé y aurait renoncé. Mais je craignais d'être dupe d'une imposture ; je sentais que je devais à ma famille de faire preuve de courage en toute circonstance c'est pourquoi je forçai Dousterswivel, par mes menaces, à continuer l'opération commencée. Or maintenant vous avez une preuve palpable de son savoir et de son honnêteté dans les pièces d'or et d'argent que vous voyez, et parmi lesquelles je vous prie de choisir celles qu pourront vous être agréables pour les joindre à votre collection.

— Puisque vous avez tant de bonté, sir Arthur, j'en choisirai volontiers quelques-unes, mais à condition que j'en porterai la valeur en avoir dans votre compte, d'après l'estimation que nous en trouverons dans Pinkerton.

— Non pas, s'il vous plaît, s'écria sir Arthur ; je désire que vous les acceptiez comme une marque d'amitié. Mais, dans tous les cas, jamais je ne consentirais à en passer par l'estimation de votre ami Pinkerton, qui a attaqué les autorités anciennes et authentiques, sur lesquelles, comme sur des colonnes couvertes de mousse, repose le crédit des antiquités écossaises.

— Oui, oui, vous voulez parler, je suppose, de Mair et de Boèce. Leurs écrits ne sont qu'un tissu d'impostures et de faussetés ; et, malgré tout ce que vous venez de dire, je tiens votre ami Dousterswivel pour être aussi apocryphe qu'aucun de ces prétendus rois.

— Je ne veux pas réveiller d'anciennes disputes, M. Oldbuck ; mais parce que je crois à l'histoire ancienne de mon pays, vous supposez donc que je n'ai pas des yeux pour voir, des oreilles pour entendre ce qui se passe autour de moi ?

— Pardonnez-moi, sir Arthur, mais je regarde toute cette affectation de terreur du digne personnage, votre coadjuteur, comme faisant partie du rôle qu'il voulait jouer. Et quant à ces pièces d'or et d'argent, elles sont si mélangées, elles appartiennent à tant d'époques et à tant de pays, que je ne puis les considérer comme un véritable trésor, mais plutôt comme les bourses qui étaient sur la table de l'homme de loi d'Hudibras,

> Comme ces œufs qu'on place dans les nids
> Pour engager la jeune poule à pondre.
> Pour les cliens cet argent était mis (1).

C'est le charlatanisme de toutes les professions : puis-je vous demander ce que vous a coûté cette trouvaille?

—Dix guinées, ou à peu près.

—Et vous avez gagné ce qui intrinsèquement en vaut vingt, et peut-être le double pour des fous comme nous. Il vous a accordé un profit, je dois en convenir; mais c'était pour vous amorcer. Et quelle somme vous propose-t-il d'aventurer maintenant?

— Cent cinquante livres. Je lui ai donné le tiers de la somme, et j'ai espéré que vous m'avanceriez le surplus.

—Je serais tenté de croire que ce ne peut être le coup de grace; la somme n'est pas assez importante. Semblable aux joueurs de profession qui veulent rançonner à leur aise un novice, il nous laissera probablement gagner encore cette partie. Sir Arthur, j'espère que vous croyez que je désire vous être utile?

—Sans aucun doute, M. Oldbuck; et je crois que la confiance que je vous témoigne en cette occasion en est une preuve.

—Eh bien! donc, permettez-moi de parler à Dousterswivel. Si cette somme peut s'avancer d'une manière

(1) *Hudibras.*

qui vous soit utile et avantageuse, je le ferai pour obliger un ancien ami; mais si, comme je le crois, je puis vous procurer le trésor sans faire aucune avance, je présume que vous n'y trouverez pas d'inconvénient.

— Non certainement; je n'ai nulle objection à y faire.

— Eh bien! où est Dousterswivel?

— Pour vous dire la vérité, il est dans ma voiture, à votre porte; mais connaissant vos préventions contre lui.....

— Dieu merci! je n'ai de prévention contre personne, sir Arthur; ce sont les systèmes et non les hommes qui encourent ma réprobation.

Il sonna. — Jenny, faites mes complimens à M. Dousterswivel qui est dans la voiture à la porte, et dites-lui que sir Arthur et moi nous désirons lui parler.

Jenny s'acquitta de sa commission.

Il n'entrait nullement dans le plan de Dousterswivel de mettre M. Oldbuck dans la confidence du prétendu mystère. Il avait compté que sir Arthur obtiendrait la somme dont il avait besoin sans entrer dans aucun détail sur sa destination, et il n'attendait dans le carrosse que pour se mettre sur-le-champ en possession des cent livres, car il sentait que sa carrière touchait à sa fin. Mais, mandé en présence de sir Arthur et de M. Oldbuck, il s'y rendit sans balancer, comptant sur son impudence, dont nos lecteurs peuvent avoir remarqué que la nature l'avait assez libéralement pourvu.

CHAPITRE XXIII.

> « Ce docteur, ce compère à barbe noire et sale,
> » Pour soutirer votre or vous jouera plus d'un tour ;
> » Mais vous n'en obtiendrez que fumée en retour. »
>
> *L'Alchimiste.*

— Comment être fotre santé, mon pon M. Oldenbuck ? dit Dousterswivel en entrant. Et comment aller ce prafe capitaine M. Mac-Intyre ? Pien, sans doute ? Ah ! c'est pien maufaise affaire quand les jeunes gens s'enfoyer des palles de plomb dans le corps l'un de l'autre.

— Toutes les affaires où il s'agit de plomb sont dangereuses, M. Dousterswivel, répondit l'antiquaire. Mais j'ai appris avec plaisir, de mon ami sir Arthur, que vous avez pris un métier plus profitable, et que vous découvrez maintenant de l'or.

— Ah ! M. Oldenbuck, mon pon et honoraple patron

n'afoir pas dû dire un mot de ce petite l'affaire ; car malgré toute ma confiance en la prudence et la discrétion du pon M. Oldenbuck et sa grande amitié pour sir Arthur, cependant, juste ciel ! c'être un grand et important secret !

— Plus important que l'argent que nous en retirerons, je crois, dit l'antiquaire.

— Cela dépendre du degré de fotre foi et de fotre patience pour la grande expérience. Sir Arthur me donner cent cinquante lifres, fous pien foir que foilà un de fos filains pillets de panque de Fairport de cinquante lifres, si fous faire de même et me donner aussi cent cinquante lifres en mauvais papier, moi fous procurer de pon or et de pon argent, pas poufoir dire compien.

— Et je crois que personne ne pourrait le dire plus que vous. Mais que diriez-vous, M. Dousterswivel, si, sans faire éternuer de nouveau les esprits à force de fumigations, nous nous rendions tous ensemble dans les ruines, et ayant pour nous la clarté du jour et de bonnes consciences, n'employant d'autres conjurations que des pioches et des pelles de bonne qualité, nous faisions des tranchées profondes d'un bout à l'autre du chœur de l'église de Sainte-Ruth? Il me semble que par ce moyen nous pourrions, sans nous mettre en frais, découvrir le trésor s'il en existe un. Les ruines appartiennent à sir Arthur ; ainsi il n'y a pas de mystère. Croyez-vous que nous puissions réussir en procédant de cette manière?

— Bah ! fous pas troufer seulement un dé de cuivre ; mais sir Arthur être bien le maître. Moi lui afoir démontré la possipilité, la grande possipilité de se procurer de grandes sommes d'argent pour ses pesoins ; moi afoir fait defant lui la grande expérience. Si lui pas fouloir croire, ce n'être rien pour Herman Dousterswivel; lui seul perdre tout l'or et tout l'argent.

Sir Arthur Wardour jeta un regard timide sur Oldbuck, qui, malgré la différence fréquente de leurs opinions, et surtout quand il était présent, exerçait sur lui une influence peu ordinaire. Dans la réalité, le baronnet éprouvait ce dont il ne serait pas convenu volontiers; son génie reculait devant celui de l'antiquaire. Il respectait en lui un homme intelligent, adroit et pénétrant, redoutait ses sarcasmes, et avait quelque confiance en ses opinions qu'en général il jugeait saines; il le regardait donc en ce moment comme s'il eût attendu sa permission pour se livrer à sa crédulité. Dousterswivel vit qu'il risquait de perdre sa dupe s'il ne faisait quelque impression favorable sur celui qui en était le conseiller.

— C'être fanité, mon pon M. Oldenbuck dit-il, que de fous parler d'esprits et d'apparitions; mais quand fous afoir regardé cette corne curieuse, fous qui connaître les curiosités de tous les pays, defoir alors fous rappeler la grande corne d'Oldenbourg qui se voir encore dans le muséum de Copenhague, et qui avoir été donnée au duc d'Oldenbourg par un esprit femelle hapitant les forêts. Moi n'être pas en état de fous tromper quand même fouloir le faire; fous connaître trop pien toutes les curiosités : voici la corne pleine de pièces d'argent. Fous prendre garde que c'être une corne; si ç'afoir été une poîte, une cassette, moi dire rien.

— C'est une corne; cela ajoute sans doute beaucoup de poids à votre raisonnement, dit Oldbuck. C'est un instrument dont la nature a fait tous les frais, et qui, par conséquent, a dû servir à tous les peuples dans leur enfance, quoique les cornes métaphoriques aient dû s'y trouver plus fréquemment, à mesure que la civilisation a fait des progrès. Quant à celle-ci, continua-t-il en la frottant sur sa manche, c'est un reste curieux et vénérable d'antiquité, et je ne doute pas qu'elle ne soit destinée à devenir une corne d'abondance; mais est-ce pour l'adepte ou pour son patron ? c'est ce dont il doit m'être permis de douter.

— Ah! mon pon M. Oldenbuck, fous être toujours pien dur à croire! mais moi fous assurer que les moines autrefois entendre fort pien le *magisterium*.

— Parlons un peu moins du *magisterium*, M. Dousterswivel, et pensons un peu plus au magistrat. Savez-vous bien que le métier que vous faites est défendu par les lois d'Écosse, et que sir Arthur et moi nous sommes tous deux juges de paix?

— Mon pon ciel! Et à quoi pon me parler ainsi quand moi fous faire tout le pien qui être en mon poufoir?

— C'est qu'il est bon que vous sachiez que lorsque la législature de ce pays abolit les lois cruelles qui existaient autrefois contre la sorcellerie, elle n'espéra pas déraciner tout à coup les opinions superstitieuses sur lesquelles était fondée cette chimère; et pour empêcher les fripons et les intrigans d'en profiter, une loi, rendue dans la neuvième année du règne de Georges II, ordonna, article V, que quiconque prétendra, par le moyen des sciences occultes, découvrir les biens perdus, volés ou cachés, sera traité comme fripon et imposteur, et subira la peine du pilori et l'emprisonnement.

— C'être là vraiment la loi? demanda Dousterswivel avec quelque agitation.

— Je vais vous la montrer, répondit l'antiquaire.

— En ce cas, mes pons messieurs, moi fous faire mes adieux, voilà tout. Moi pas aimer fotre pilori, parce que le trop grand air n'être pas pon pour ma santé, et pas aimer dafantage fotre prison, parce que trop peu d'air m'être aussi contraire.

— Si tel est votre goût, M. Dousterswivel, je vous engage à rester où vous êtes; car je ne puis vous laisser sortir qu'en compagnie d'un constable. D'ailleurs j'espère que vous allez nous suivre sur-le-champ aux ruines de Sainte-Ruth, et nous montrer l'endroit où vous vous proposez de trouver un trésor.

— Mon pon ciel! M. Oldenbuck, comme fous traiter un ancien ami! Moi fous dire aussi clairement que moi poufoir parler, que si fous aller à présent, fous pas troufer de trésor, pas une paufre pièce de six sous.

— J'en ferai pourtant l'épreuve, et vous serez traité suivant le succès que j'obtiendrai..... Toujours avec la permission de sir Arthur.

Le baronnet, pendant cet entretien, avait l'air fort embarrassé; et, pour me servir d'une phrase vulgaire, mais expressive, portait la crête basse. L'incrédulité opiniâtre d'Oldbuck lui faisait soupçonner l'imposture de Dousterswivel, et il voyait que l'adepte maintenait son terrain avec moins de résolution qu'il ne l'aurait pensé; cependant il ne voulut pas encore l'abandonner tout-à-fait.

— M. Oldbuck, dit-il, vous ne traitez pas M. Dousterswivel très-équitablement; il a entrepris de faire cette découverte par les moyens que son art lui fournit, et l'influence qu'ils lui donnent sur les intelligences qui président à l'heure planétaire fixée pour l'expérience; et maintenant vous exigez de lui, sous peine de châtiment, qu'il procède à son opération, sans lui laisser la faculté d'employer les mesures préliminaires qu'il regarde comme indispensables pour obtenir du succès.

— Ce n'est pas tout-à-fait ce que j'ai dit. Je ne lui demande que d'assister à notre recherche, et de ne pas nous quitter d'ici là. Je crains qu'il n'ait des intelligences avec les intelligences dont vous parlez, et que ce qui peut être maintenant caché dans les ruines de Sainte-Ruth, n'en disparaisse avant que nous le trouvions.

— Et pien, messieurs, dit Dousterswivel d'un ton d'humeur, moi être prêt à fous suivre, pas faire la moindre objection ; mais moi fous préfenir d'afance que fous pas troufer de quoi fous indemniser de la peine d'afoir fait fingt pas hors de chez fous.

— C'est ce que nous verrons, répliqua l'antiquaire.

Avant de monter en voiture, sir Arthur fit dire à sa fille qu'elle l'attendît à Monkbarns jusqu'à ce qu'il fût de retour d'une promenade qu'il allait faire avec M. Oldbuck. Miss Wardour ne sut trop comment concilier cet ordre avec la conversation qu'elle supposait avoir eu lieu entre son père et l'antiquaire, et elle fut obligée de rester dans une triste incertitude.

Le voyage des chercheurs de trésor ne brilla point par la gaieté. Dousterswivel, déçu dans ses espérances, et craignant le châtiment dont il avait été menacé, gardait un sombre silence ; sir Arthur, dont les songes dorés se dissipaient peu à peu, n'avait pour triste perspective que des embarras pécuniaires toujours croissans ; et Oldbuck, réfléchissant qu'en intervenant d'une manière si positive dans les affaires de son voisin il avait donné droit à celui-ci d'attendre de lui quelques secours efficaces, calculait jusqu'à quel point il se verrait obligé de dénouer les cordons de sa bourse. Chacun d'eux ayant ainsi un objet particulier de méditation, à peine se prononça-t-il un seul mot avant qu'on fût arrivé aux *Quatre Fers à cheval*, petite auberge dont nous avons déjà parlé. Là on se procura quelques ouvriers et les outils nécessaires pour creuser la terre ; et tandis qu'on faisait tous ces préparatifs, ils virent paraître le vieux mendiant Edie Ochiltrie.

— Que le ciel bénisse Votre Honneur et vous accorde une longue vie ! dit-il à Oldbuck. J'ai été bien charmé d'apprendre que le jeune capitaine Mac-Intyre sera bientôt sur ses jambes. N'oubliez pas le vieux mendiant.

— Ah ! ah ! c'est toi, mon vieux ? dit l'antiquaire. Pourquoi n'es-tu pas venu à Monkbarns depuis que la mer, l'air et les rochers t'ont fait courir tant de dangers ? Tiens, voilà pour t'acheter du tabac.

Il fouilla dans la poche de son habit pour y prendre sa bourse, et en tira en même temps la précieuse corne.

— Et voilà quelque chose pour l'y mettre, dit Ochiltrie. C'est une de mes anciennes connaissances ; je reconnaîtrais cette corne entre mille ; et cela n'est pas étonnant, elle m'a servi assez long-temps. Je l'ai échangée contre cette tabatière d'étain avec le vieux Georges Glen, quand il lui prit fantaisie d'aller travailler dans les mines de Glen-Withershin.

— Oui-da? dit Oldbuck. Ainsi donc c'est avec un ouvrier mineur que vous avez fait cet échange ? Mais je présume que vous ne l'avez jamais vue si bien remplie; et levant le couvercle, il lui fit voir ce qu'elle contenait.

— Oh ! vous pouvez en faire serment, Monkbarns ! Tant qu'elle m'a appartenu elle n'a jamais contenu que pour six sous de tabac. Je suppose que vous allez en faire un antique, comme vous l'avez fait de tant d'autres choses. Je voudrais que quelqu'un pût faire un antique de moi ; mais bien des gens trouvent une grande valeur à de vieux morceaux de cuivre, de fer ou de corne, et ne font aucune attention à un vieux vagabond, leur contemporain et leur concitoyen.

— Vous pouvez maintenant deviner, sir Arthur, dit l'antiquaire, à qui vous êtes redevable de cette trouvaille. Suivre les voyages modernes de cette corne jusque dans les mains d'un ouvrier mineur de Glen-Withershin, c'est l'amener bien près d'un de nos amis. J'espère que nous serons aussi heureux dans notre recherche de ce matin sans qu'il nous en coûte rien.

— Et où vont donc Vos Honneurs avec ces pelles et ces pioches? demanda le mendiant. Ah! c'est quelque tour de votre façon, Monkbarns. Vous allez faire sortir de son tombeau quelque ancien moine avant que la trompette de l'archange l'appelle. Mais je vais vous suivre, je veux voir ce que vous allez faire.

Ils arrivèrent bientôt aux ruines du prieuré, et étant entrés dans le chœur, ils restèrent un instant à réfléchir par où ils commenceraient leurs opérations.

— Eh bien, M. Dousterswivel, dit l'antiquaire, donnez-nous donc votre avis. Croyez-vous que nous réussirons mieux en creusant de l'est à l'ouest, ou de l'ouest à l'est? Votre fiole triangulaire, pleine de rosée de mai, ou votre baguette divinatoire de bois de coudrier, ne pourraient-elles nous être de quelque utilité? Ou bien nous apprendrez-vous quelques-uns des grands mots de votre art, qui, s'ils ne sont bons à rien dans l'occasion présente, pourront être utiles à ceux d'entre nous qui n'ont pas le bonheur d'être garçons, et leur servir à en imposer à leurs enfans?

— M. Oldenbuck, dit l'adepte, moi fous afoir déjà dit que fous pas poufoir faire ici de ponne pesogne. Mais moi safoir le moyen de fous remercier de toutes fos cifilités ; moi le safoir fort pien.

— Si Vos Honneurs pensent à creuser la terre, dit Edie, et que vous vouliez suivre l'avis d'un pauvre homme, je vous conseillerais de commencer par fouiller sous cette grosse pierre au milieu de laquelle vous voyez l'image d'un homme couché sur le dos.

— J'ai moi-même quelques raisons pour approuver ce plan, dit le baronnet.

— Et je n'y vois nul inconvénient, ajouta Oldbuck. Il n'était pas très-extraordinaire autrefois de cacher des trésors dans les tombeaux. Bartholin et d'autres auteurs en citent maint exemple.

La grosse pierre, la même sous laquelle la corne avait été trouvée par l'adepte et par sir Arthur, fut soulevée une seconde fois, et la pioche entra ensuite dans la terre avec une grande facilité.

— C'est de la terre fraîchement remuée, dit Ochiltrie ; elle cède si aisément. Je m'y connais. J'ai travaillé tout un été avec le vieux bedeau Will Winnett, et j'ai creusé plus d'une fosse dans mon temps ; mais je le plantai là aux approches de l'hiver, parce que c'était un métier trop froid ; et puis vint la fête de Noël, et les morts pleuvaient comme la grêle, car vous savez que les fêtes de Noël peuplent les cimetières. Si bien donc que n'ayant jamais eu de goût pour un travail trop rude, je pris mon congé et laissai le vieux Winnett creuser tout seul ses dernières demeures.

Les ouvriers étaient alors assez avancés dans leurs travaux pour découvrir que les côtés de la tombe qu'ils déblayaient étaient formés par quatre murs construits en pierres de taille, laissant au milieu un espace destiné probablement à recevoir un cercueil.

— Cela vaut la peine de continuer notre besogne, dit l'antiquaire à sir Arthur, ne fût-ce que par curiosité. Je voudrais bien savoir quel est le personnage pour le sépulcre duquel on a pris des peines si peu communes.

— Les armoiries gravées sur la pierre, dit sir Arthur en soupirant, sont les mêmes que celles qu'on voit sur la tour de Baltard, qu'on suppose avoir été construite par Malcolm l'usurpateur. Personne ne sait où il a été enterré, et il y a dans notre famille une ancienne prophétie qui ne nous promet rien de bon quand son tombeau sera découvert.

— Je la connais, dit le mendiant, je l'ai entendu citer bien des fois quand je n'étais encore qu'un enfant; la voici :

« Quand de Malcolm-Baltard la tombe on trouvera,
« De Knockwinnock alors perte et gain adviendra. »

Oldbuck, les lunettes sur le nez, était déjà agenouillé sur la pierre, et suivait de l'œil et du doigt les traces à demi effacées des armoiries de l'ancien guerrier. — Bien certainement, dit-il, ce sont les armoiries de Knockwinnock, écartelées avec celles de Wardour.

— Richard Wardour, surnommé Main-Sanglante, dit sir Arthur, épousa Sybille Knockwinnock, héritière de la famille saxonne de ce nom, en l'an de grace 1150; et ce fut par suite de cette alliance que le château et le domaine de Knockwinnock entrèrent dans la maison Wardour.

— C'est la vérité, sir Arthur, et voici la marque d'illégitimité, la bande qui traverse diagonalement les deux écussons. Qu'avions-nous donc fait de nos yeux, pour ne pas avoir aperçu plus tôt un monument si curieux?

— Ou plutôt, dit Ochiltrie, qu'avait-on fait de la pierre, pour qu'elle n'ait pas frappé nos yeux jusqu'à ce jour? Il y a soixante ans que je connais cette église, et je n'y ai jamais remarqué cette pierre. Ce n'est pourtant pas un atome qu'on peut ne pas apercevoir dans sa soupe.

Tous mirent alors leur mémoire à contribution pour se rappeler l'état dans lequel ils avaient vu précédemment les ruines dans cette partie du chœur; et tous se trouvèrent d'accord qu'il y avait existé un monceau considérable de décombres qui avaient dû être déblayées et transportées au dehors pour rendre ce monument visible. Sir Arthur aurait pu se souvenir d'avoir vu cette pierre la première fois qu'il était venu en ce lieu avec Dousterswivel; mais il avait éprouvé alors une trop vive agitation pour pouvoir y faire attention.

Tandis que les principaux personnages s'occupaient de ces souvenirs et de cette discussion, les ouvriers continuaient leur besogne. Ils avaient déjà creusé jusqu'à la profondeur de cinq pieds, et comme l'opération de jeter la terre en dehors devenait de plus en plus difficile, ils commencèrent enfin à se fatiguer de cet ouvrage.

— Nous sommes arrivés au tuf, dit l'un d'eux; du diable si l'on trouve ici un cercueil ou autre chose. Il faut que quelqu'un se soit levé plus matin que nous. Et à ces mots il sortit du monument.

— Voyons, voyons, dit Ochiltrie en y descendant; il faut que j'y mette aussi la main, moi qui suis un ancien fossoyeur. Vous cherchez fort bien, mais vous ne savez pas trouver.

En même temps il enfonça avec force dans ce qu'on appelait le tuf son bâton-armé d'un fer pointu, et rencontrant de la résistance il s'écria, comme un écolier écossais qui trouve quelque chose : — Ni moitié ni quart, tout est à moi, je ne partage avec personne.

Tous les spectateurs, depuis le baronnet à la figure allongée, jusqu'à l'adepte à sombre physionomie, accoururent au bord de la fosse et y seraient descendus si elle avait pu les contenir. Les ouvriers, qui avaient perdu courage en voyant l'inutilité de leurs travaux, reprirent leurs outils et les employèrent avec une nouvelle ardeur. Bientôt leurs pioches tombèrent sur du bois, et après avoir enlevé la terre qui le couvrait, on aperçut une caisse, mais beaucoup plus petite qu'un cercueil. Il fallut employer tous les bras pour la tirer de la profondeur où elle était enterrée; sa pesanteur fit juger favorablement du contenu, et l'on ne se trompait pas dans cette conjecture.

La caisse ayant été retirée de la fosse, on en força le couvercle avec une pioche, et l'on y trouva d'abord un morceau de grosse toile qui servait d'enveloppe, ensuite une couche d'étoupes, et enfin une assez grande quantité de lingots d'argent. Une exclamation générale suivit une découverte si surprenante et si inattendue. Le baronnet leva les mains et les yeux vers le ciel dans cette extase silencieuse d'un homme délivré d'une angoisse d'esprit inexprimable. Oldbuck, pouvant à peine en croire ses yeux, soulevait les lingots les uns après les autres. Il n'y avait ni timbre ni inscription, excepté sur un seul où l'on voyait quelques mots qui semblaient espagnols. Il ne pouvait douter que ce ne fût un vrai trésor et qu'il n'eût une grande valeur; cependant son caractère soupçonneux le porta à visiter la caisse jusqu'au fond. Il s'attendait à trouver dans les lits inférieurs des lingots de valeur beaucoup moindre, mais il n'y vit aucune différence; tout était de bon aloi, et il fut obligé de convenir que sir Arthur était en possession d'une valeur d'environ mille livres sterling.

Sir Arthur, après avoir promis aux ouvriers de les récompenser généreusement de leurs peines, songeait aux moyens de transporter ce don du ciel en son château de Knockwinnock, quand l'adepte, revenant de sa surprise, qui n'avait pas été moindre que celle des autres spectateurs, le tira par la manche de son habit, et lui offrit ses humbles félicitations. Se tournant alors vers l'antiquaire : — Eh pien, mon pon M. Oldenbuck, lui dit-il d'un air de triomphe, moi fous afoir pien dit que moi safoir le moyen de fous remercier de toutes fos cifilités. Fous me rendre justice à présent.

— Quoi! M. Dousterswivel, prétendriez-vous avoir contribué à notre succès? Vous oubliez que vous nous avez refusé les secours de votre science. Nous n'avez pas les armes dont vous auriez dû vous servir pour livrer la bataille que vous prétendez avoir gagnée. Vous n'avez employé ni charmes, ni amulettes, ni talismans, ni miroirs magiques, ni figures géomantiques. Où sont vos périaptes et vos abracadabras? Où est votre verveine.

« Vos crapauds, vos corbeaux, vos dragons, vos panthères,
» Vos astres, votre ciel, et toutes vos chimères?

» Votre Heautarit, Azoch, Zernit, Chibrit, Laton;
» Vos instrumens enfin dont tous les noms baroques
» Fatigueraient vraiment le plus hardi poumon (1) ?

Ah! divin Ben Jonson, longue paix à tes mânes pour avoir été le fléau des charlatans de ton siècle! Qui aurait cru que nous les verrions renaître dans le nôtre?

On verra dans le chapitre suivant comment l'adepte répondit à l'antiquaire.

(1) Citation de *l'Alchimiste*, comédie de Ben Jonson. — Tr.

CHAPITRE XXIV.

―――

« Vous verrez le trésor du roi des mendians.
» Revenez en ces lieux avant qu'un jour se passe:
» Mais si vous y manquez, n'attendez point de grace. »
Le Buisson du Mendiant.

Dousterswivel, résolu de se maintenir sur le terrain avantageux où la découverte du trésor venait de le placer, répliqua d'un ton sérieux et emphatique aux attaques de l'antiquaire,

— M. Oldenbuck, tout cela poufoir être pien spirituel, et fort pon dans une comédie, mais moi n'afoir rien à dire, rien absolument, à des gens qui ne fouloir pas en croire leurs propres yeux. C'être la férité que moi n'afoir aucun des instrumens de mon art, mais ce que moi afoir fait aujourd'hui n'en être que plus merfélieux. Mon honoraple, mon pon et généreux patron, continua-t-il en s'adressant à sir Arthur, moi fous prier de mettre la main dans fotre poche, et de foir ce que fous y troufer.

Sir Arthur fit ce qu'il lui demandait, et trouva dans une de ses poches la petite assiette d'argent dont l'adepte s'était servi lors de leur première séance dans les ruines.

— C'est la vérité, dit-il en regardant M. Oldbuck d'un air grave; voici l'assiette constellée dont M. Dousterswivel s'est servi pour notre première découverte.

— Fi donc! fi! mon cher ami, s'écria l'antiquaire; vous avez trop de raison pour croire à l'influence d'un morceau d'argent chargé de figures bizarres. Faites-le bien battre avec un marteau pour qu'il n'en reste aucune trace. Je vous dis que si Dousterswivel avait su où trouver ce trésor, il ne vous aurait pas appelé pour vous en faire part.

— S'il plaît à Votre Honneur, dit Ochiltrie qui en toute occasion se permettait de placer son mot, je vous dirai que je pense que puisque M. Dunkerswivel a eu tant de mérite à faire cette découverte, le moins que vous puissiez faire pour lui est de lui abandonner pour ses peines tout ce qui reste à découvrir. S'il a su où trouver un tel trésor, il n'aura pas de difficulté à en trouver un autre.

Le front de Dousterswivel se rembrunit quand il entendit proposer de lui accorder pour salaire ce qu'il pourrait trouver à l'avenir. Mais le mendiant, le tirant à part, lui dit à l'oreille deux ou trois mots que l'adepte parut écouter avec grande attention.

Cependant sir Arthur, dont le cœur était échauffé par la bonne fortune, lui dit tout haut : — N'écoutez pas notre ami Monkbarns, M. Dousterswivel, et venez demain matin au château. C'est vous qui m'avez donné l'idée de fouiller dans ces ruines, et je vous prouverai que j'en suis reconnaissant. Le billet de banque de Fairport de cinquante livres, ce vilain billet, comme vous l'appelez, est à votre service. Allons, mes amis, il faut rattacher le couvercle de cette caisse.

Mais dans la confusion qui avait accompagné et suivi cette découverte, le couvercle était probablement tombé sous les décombres, la terre et les pierres qu'on avait retirées de la fosse; en un mot on ne put le retrouver.

— Qu'importe? dit le baronnet, liez seulement la toile par-dessus et portez-la dans ma voiture. Monkbarns, il faut que je retourne avec vous pour aller chercher miss Wardour.

— Et je m'invite à dîner ensuite à Knockwinnock, sir Arthur. Je veux boire un verre de vin avec vous en réjouissance du succès de notre entreprise. D'ailleurs il est bon d'écrire un mot sur cette affaire à l'Échiquier (1), afin de prévenir toute intervention de la part de la couronne. Au surplus il serait facile d'obtenir des lettres d'octroi. Mais nous traiterons cette affaire à fond.

— En attendant, dit sir Arthur, je recommande particulièrement le silence à tous ceux qui sont ici.

Tous l'assurèrent, en le saluant, de leur parfaite discrétion.

---

(1) Il y a en Écosse une cour d'échiquier comme en Angleterre, avec des attributions analogues. Cette cour est composée de quatre juges dont le président a le titre de lord chef baron, et les trois autres celui de baron ordinaire. La cour de l'échiquier juge toutes les causes de finances. Ce nom d'*exchequer*, échiquier, vient, dit-on, du drap à carreaux qui couvre la table du tribunal. — Éd.

— Quant à cela, dit Oldbuck, recommander le secret quand une douzaine de personnes sont dans la confidence, c'est uniquement vouloir mettre un masque à la vérité. Soyez sûr que l'histoire va circuler sous vingt faces différentes. Mais soyez tranquille, nous ferons connaître la véritable version aux barons de l'Échiquier, et c'est tout ce qui est nécessaire.

— Je serais d'avis d'envoyer un exprès dès ce soir, dit le baronnet.

— Je puis indiquer à Votre Honneur une voie sûre, dit le mendiant: le jeune David Mailsetter et le bidet du boucher.

— Nous parlerons de cette affaire chemin faisant, répondit l'antiquaire à sir Arthur.

— Mes enfans, dit le baronnet aux ouvriers, suivez-moi aux *Quatre Fers à cheval*, afin que je prenne vos noms. Dousterswivel, je ne vous engage pas à nous suivre à Monkbarns, vos opinions et celles de mon brave ami ne sont pas assez d'accord; mais ne manquez pas de venir me voir demain matin.

Dousterswivel bégaya une réponse dont on ne put entendre que les mots defoir........ mon honorable patron....... afoir l'honneur....... Et après que le baronnet et son ami eurent quitté les ruines suivis des ouvriers qui jouissaient de l'espoir non-seulement de la récompense qui leur avait été promise, mais d'une addition raisonnable de whiskey (1), il resta debout, les bras croisés, sur le bord de la fosse qu'on venait d'ouvrir.

— Qui l'afoir jamais cru! s'écria-t-il sans y penser. Par ma foi, moi afoir entendu parler de pareilles choses; mais sapperment! pas croire que moi en foir ja-

(1) Liqueur spiritueuse, faite avec l'orge fermentée. — Tr.

mais. Et si moi afoir creusé deux ou trois pieds plus afant, moi troufer tout cet argent, mon pon ciel! plus que moi jamais espérer tirer de cet impécile de paronnet!

Ici il interrompit son soliloque; car ayant levé les yeux, il rencontra ceux d'Edie Ochiltrie, qui n'avait pas suivi le reste de la compagnie, et qui, appuyé sur son bâton ferré suivant son usage, était debout de l'autre côté de la fosse. Les traits du vieillard, naturellement expressifs et annonçant une sorte d'astuce et de malignité, semblaient dire si clairement à l'adepte, je te connais, que celui-ci, quoique charlatan de profession, sentit son assurance s'évanouir. Il comprit pourtant la nécessité d'un éclaircissement; et ralliant toutes ses forces, il voulut sonder le mendiant sur ce qui venait de se passer.

— Mon pon M. Edie Ochiltrie......

— Edie Ochiltrie, le mendiant du roi, le Manteau-Bleu, mais non pas monsieur.

— Eh pien, pon Edie, que vous penser de tout ceci?

— Je pensais que Votre Honneur avait été bien bon, pour ne pas dire bien simple, de donner à deux riches qui ont de l'argent, des terres et des châteaux sans fin, un trésor si précieux, de l'argent trois fois éprouvé par le feu, comme dit l'Écriture, et qui aurait suffi pour vous rendre heureux toute votre vie, vous et deux ou trois autres braves gens.

— Sur ma ponne foi, honnête Edie, c'être la férité. Seulement moi pas safoir, ou pour mieux dire, pas être sûr où troufer ce trésor.

— Quoi! n'est-ce point par votre conseil que Monkbarns et sir Arthur sont venus ici?

— Ah! sans doute; mais c'être tout autre chose. Moi pas croire qu'eux troufer ce trésor, quoique d'après le tintamarre que les esprits afoir fait l'autre nuit moi pien croire que poufoir y afoir ici de l'argent caché. Ah! mon pon ciel! c'être à présent que l'esprit poufoir pousser des gémissemens quand lui plus troufer son trésor, justement comme un pourgmestre hollandais comptant ses ducats après un grand dîner à la *Stadt-Haus* (1).

— Et vous croyez réellement tout cela, M. Dousterdiable (2), vous qui êtes un si habile homme? Allons donc?

— Mon pon ami, moi pas y croire plus que fous ou que personne au monde, afant que moi afoir entendu ce qui s'être passé l'autre nuit, et afoir fu cette grande caisse pleine de pon et pur argent du Mexique. Comment ne pas croire après tout cela?

— Et que donneriez-vous à celui qui vous aiderait à trouver une autre caisse semblable?

— Que moi donner? Mon pon ciel! un grand quart.

— Si je connaissais le secret, je voudrais avoir moitié; car, voyez-vous, quoique je ne sois qu'un pauvre mendiant couvert de guenilles, et que je ne puisse vendre cet argent moi-même de peur d'être arrêté, je trouverais bien des gens qui se chargeraient de le faire pour moi, et plus facilement que vous ne le pensez.

— Quoi moi donc afoir dit, mon pon ami? Moi afoir foulu dire que fous afoir trois grands quarts pour fotre moitié, et moi un paufre petit quart pour la mienne.

(1) L'hôtel-de-ville.
(2) *Dousterdevil*: le mendiant estropie malicieusement le nom de l'adepte, dont nous traduisons la terminaison. — Tr.

— Non, M. Dousterdiable; non. Nous devons partager en frères, par égales portions, ce que nous trouverons. Maintenant regardez cette planche que j'ai jetée à l'écart pendant que Monkbarns était occupé à manier cet argent. Il a de bons yeux, Monkbarns, et je ne me souciais pas qu'il vît ce qui y est écrit; mais vous le lirez sans doute mieux que moi, car je ne suis pas savant en lecture, c'est-à-dire je n'ai pas beaucoup de pratique.

Tout en faisant cette modeste déclaration d'ignorance, Ochiltrie prit derrière un pilier la planche qui servait de couvercle à la caisse. Après l'avoir détachée, on n'y avait plus fait attention, et il paraît que le mendiant avait profité du moment où chacun était dans le premier étonnement de la découverte pour la cacher en cet endroit. On y voyait quelque chose d'écrit; mais comme l'inscription était en partie couverte de terre, le mendiant cracha sur son mouchoir bleu, et frotta la planche pour faire mieux paraître l'écriture qui était en lettres gothiques ordinaires.

— Eh bien, voyez-vous ce que c'est? demanda Edie à Dousterswivel.

L'adepte appela les lettres l'une après l'autre, comme un enfant qui commence à lire: S, T, A, R, C, H, *Starch* (1). — Quoi! *starch!* c'être ce que les blanchisseuses mettre aux cravates et aux collets de chemise.

— *Starch!* répéta le mendiant. Eh! non, non; vous pouvez être un grand sorcier, mais vous n'êtes pas un grand clerc. C'est *search* (2), vous dis-je. La seconde lettre est un E bien formé, et non un T.

— Ah! moi le foir à présent! Oui, c'être *search*, et

(1) Empois.
(2) Cherchez.

puis Nº I. Mon pon ciel! y afoir donc un Nº II, et cet afis être pien clair : *search*, cherchez. Sur ma foi, mon pon ami, quelque ponne chose rester encore pour nous.

— Cela est possible ; mais nous ne pouvons le chercher à présent, car nous n'avons pas d'outils pour creuser la terre : les ouvriers les ont emportés, et il est probable qu'on en renverra quelques-uns pour combler la fosse, afin que rien ne paraisse. Mais si vous voulez venir vous asseoir un moment avec moi dans le bois, je vous prouverai que vous avez trouvé le seul homme du pays qui puisse vous apprendre quelque chose de Malcolm-Baltard et de son trésor caché ; avant tout, il faut effacer cette inscription pour qu'elle ne rende personne aussi savant que nous.

Et prenant son couteau, il racla la planche de manière à en effacer toute trace d'écriture, et la frotta ensuite avec de la terre humide pour qu'il ne restât aucun vestige de cette opération.

Dousterswivel le regardait en silence d'un air d'étonnement. Le vieillard mettait dans tout ce qu'il faisait un air d'intelligence et de vivacité qui annonçait qu'il trouverait difficilement son maître en finesse ; et comme les coquins eux-mêmes sont jaloux de la prééminence, notre adepte était honteux de ne jouer qu'un rôle secondaire, et d'avoir à partager ce qu'il espérait gagner avec un si vil associé. Mais la soif du gain était assez forte en lui pour l'emporter sur son orgueil offensé ; et quoiqu'il fût plus habitué à jouer le rôle d'imposteur que celui de dupe, il ajoutait pourtant foi lui-même jusqu'à un certain point aux superstitions grossières par le moyen desquelles il en imposait aux autres. Néanmoins, accoutumé à se mettre au premier rang en semblable occasion, il se sentait humilié de se voir dans la situation d'un vautour qu'un corbeau guiderait vers une proie.

— Il faut pourtant que j'entende son histoire jusqu'au bout, pensa-t-il, et ce sera bien le diable si je n'en tire pas un meilleur profit que ce mendiant ne se l'imagine.

Descendant du haut degré de professeur des sciences occultes pour devenir un humble élève, l'adepte suivit donc Ochiltrie en silence sous le chêne du prieur, à peu de distance des ruines, comme nos lecteurs peuvent se le rappeler; s'y étant assis tous deux sur le gazon, le mendiant prit la parole en ces termes :

— Il y a bien long-temps, M. Dustandnivel, que je n'ai entendu parler de cette affaire, car c'est un sujet qui ne plaît guère aux lairds de Knockwinnock. Il ne plaisait ni au père de sir Arthur ni à son grand-père, car je me souviens de l'un et de l'autre, et sir Arthur lui-même encore aujourd'hui ne s'en soucie guère. Mais qu'importe, quoique ce fût pain défendu dans le salon, on n'en mangeait pas moins dans la cuisine, comme c'est l'ordinaire dans les grandes maisons; de sorte que j'ai tout appris des anciens domestiques de la famille; et au jour d'aujourd'hui où l'on ne s'assemble plus l'hiver autour du feu pour jaser des affaires du temps passé, comme c'était l'usage autrefois, je doute que dans tout le pays il y ait une seule personne qui puisse vous raconter cette histoire, si ce n'est moi; oui, à l'exception du laird, car il doit avoir dans sa bibliothèque, à ce qu'on m'a assuré, un gros livre en parchemin où elle est écrite.

— C'est pel et pien, mon pon ami; mais fous pas avancer fite dans fotre histoire.

— Un moment, et vous allez voir. Je vous parle d'un

temps bien ancien, d'un temps où tout était sens dessus dessous dans le pays, où chacun était pour soi et Dieu pour tous, où personne ne manquait de ce qu'il était assez fort pour prendre, et où personne ne conservait que ce qu'il avait les moyens de défendre. En un mot, dans toute la contrée, à l'est, ici aux environs, les plus forts faisaient la loi, et je crois qu'il en était de même dans tout le reste de l'Écosse.

Si bien donc que dans ce temps-là sir Richard Wardour arriva dans le pays, et c'était le premier de ce nom qui y fût jamais venu. Il y en a eu plus d'un depuis ce temps, et la plupart d'entre eux, comme celui qu'on surnommait l'*Enfer en armes,* dorment là-bas sous ces ruines. C'était une race fière et intraitable, mais brave à toute épreuve, et toujours prête à soutenir les intérêts du pays. Que Dieu fasse paix à leurs ames! j'espère qu'on peut faire ce souhait sans être papiste. On les appelait Normands, parce qu'ils étaient venus du côté du sud. Ainsi donc sir Richard, surnommé Main-Sanglante, s'associa avec le laird de Knockwinnock de ce temps, car alors il y avait des Knockwinnocks seigneurs de la baronnie de ce nom, et voulut épouser sa fille unique qui devait hériter de son château et de ses domaines. Sybille Knockwinnock, car c'est le nom que lui ont donné ceux qui m'ont conté cette histoire, ne se souciait pas de ce mariage, parce qu'elle avait vu d'un peu trop près un de ses cousins que son père n'aimait pas. Si bien qu'il arriva, quatre mois après son mariage avec sir Richard, car bon gré mal gré il fallut bien l'épouser, qu'elle lui fit présent d'un beau garçon. Ce fut alors un tapage comme on n'en avait jamais vu : il fallait la brûler, il fallait le massacrer. Il ne s'agissait de rien moins que cela ; et cependant de manière ou d'autre tout finit par s'apaiser. On envoya l'enfant dans les montagnes, où il fut élevé, et il devint un beau grand garçon comme tant d'autres qui sont arrivés dans ce monde sans permission légale. Sir Richard Main-Sanglante eut ensuite un fils légitime, et tout fut tranquille jusqu'à sa mort; mais Malcolm Baltard (sir Arthur soutient qu'on doit le nommer Malcolm - le - Bâtard, quoique le premier nom lui ait été donné de tout temps); Malcolm, dis-je, le fils de l'amour, arriva amenant sur ses talons une troupe nombreuse de montagnards à longues jambes, toujours disposés à mal faire. Il prétendit que ce château et les terres lui appartenaient du chef de sa mère, comme son fils aîné, et en chassa les Wardours. Tout cela ne se passa pas à l'amiable, et il y eut du sang répandu, car la noblesse du pays prit parti d'un côté ou de l'autre; mais Malcolm eut l'avantage, se maintint dans le château de Knockwinnock, le fortifia, et fit construire la tour qu'on appelle encore aujourd'hui la *Tour de Baltard*.

— Mon pon ami, mon pon fieil ami, dit Dousterswivel, fotre histoire être aussi longue que celle d'un paron à seize quartiers de mon pays. Moi être pien charmé si fous passer un peu plus fite à l'or et à l'argent.

— J'y vais venir. Ce Malcolm était protégé par un oncle, un frère de son père, qui était prieur de Sainte-Ruth, et ils amassèrent des trésors immenses pour assurer à leur famille la possession des domaines de Knockwinnock. On dit que dans ce temps les moines connaissaient l'art de la multiplication des métaux. Quoi qu'il en soit, ils avaient, comme je vous l'ai dit, de grandes richesses. Mais il arriva que le jeune Wardour, le fils légitime de Main-Sanglante, défia Malcolm à le combattre en champ clos, c'est-à-dire sur un terrain entouré de pieux et de palissades, où il fallait se battre comme des coqs, bon jeu bon argent. Tant il y a que Baltard fut battu et se trouva à la merci de son frère. Mais celui-ci ne voulut pas lui ôter la vie, par respect pour le sang de Knockwinnock, qui coulait également dans leurs veines; et il exigea seulement que Malcolm se fît moine dans le prieuré de Sainte-Ruth, où il mourut bientôt de dépit et de chagrin. Personne ne sut jamais où son oncle le prieur le fit enterrer ni ce qu'il fit de son or et de son argent, car il fit valoir les droits de la sainte Église, et ne voulut jamais en rendre compte à personne. Mais il y a une prophétie bien connue dans le pays, qui dit que lorsqu'on trouvera le tombeau de Malcolm Baltard, la seigneurie de Knockwinnock sera perdue et regagnée.

— Ah! mon fieil ami, mon pon M. Edie, cela n'être pas infraisemblable si sir Arthur se querelle afec ses meilleurs amis pour plaire à M. Oldenbuck. Et ainsi fous penser que tout cet argent appartenir autrefois au pon M. Pastard?

— Je le pense en vérité, M. Troussediable.

— Et fous croire qu'y en afoir encore dafantage?

— Oui, par ma foi, comment cela serait-il autrement? Souvenez-vous de ce que nous avons lu, *search*, n° 1. C'est comme qui dirait: cherchez, et vous trouverez le n° 2. D'ailleurs il n'y avait que de l'argent dans cette caisse, et l'on assure que Baltard avait beaucoup d'or.

— Eh pien, mon pon ami, dit l'adepte en se levant avec vivacité, pourquoi ne pas nous mettre sur-le-champ à notre petite pesogne?

— Pour deux bonnes raisons, répondit le mendiant

restant assis bien tranquillement. D'abord parce que, comme je vous l'ai déjà dit, nous n'avons pas d'outils pour travailler, car on n'a laissé ici ni pelle ni pioche; et ensuite parce qu'il va venir ici une foule de fainéans pour voir cette fosse; que peut-être le laird enverra des ouvriers pour la combler, et que dans tous les cas nous courrions risque d'être surpris. Mais si vous voulez venir me rejoindre ici à minuit avec une lanterne sourde, j'apporterai des outils, et nous ferons notre ouvrage à nous deux, sans craindre que personne vienne nous déranger.

— Soit! soit! mais pourtant, mon pon ami, dit Dousterswivel à qui les espérances splendides qu'Ochiltrie lui offrait ne faisaient pas tout-à-fait oublier son aventure nocturne dans le même lieu, c'être une entreprise un peu téméraire que de trafailler à oufrir le tompeau du pon M. Pastard à une telle heure de la nuit. Moi poufoir fous assurer qu'y afoir ici des esprits; moi en être positifement certain.

— Si vous avez peur des esprits, répondit le mendiant très-froidement, je ferai l'affaire tout seul, et je vous apporterai votre part à l'endroit que vous m'indiquerez.

— Non! non! non! mon pon fieil ami M. Edie, c'être trop de peine pour fous; moi pas fouloir. Moi fenir, c'être beaucoup mieux. Car c'être moi, mon pon ami, moi Herman Dousterswivel, qui afoir découfert la tompe du pon M. Pastard, en cherchant un endroit pour cacher quelques fieilles pièces de monnaie pour chouer un tour à mon pon ami sir Arthur, par pure plaisanterie. C'être moi qui afoir emporté tous les décompres, et mis au jour le fieux monument. Être donc propaple que le pon M. Pastard m'afoir choisi pour héritier, et moi defoir, par politesse, fenir moi-même recueillir son héritage.

— Ainsi donc nous nous retrouverons à minuit sous cet arbre. Je vais veiller ici quelque temps pour empêcher que personne ne touche à la fosse : je n'aurai besoin que de dire que le laird l'a défendu. Alors j'irai souper chez le fermier Ringan, je lui demanderai à coucher dans sa grange, et j'en sortirai quand il fera nuit, sans que personne s'en doute.

— Pien dit, mon pon M. Edie ; et moi me rendre prafement ici à l'heure confenue, quand tous les esprits du monde defoir gémir à se fendre le cœur, et éternuer à se détraquer le cerveau.

Les deux associés se serrèrent la main, et se séparèrent après s'être donné ce gage muet d'être exacts à leur rendez-vous.

CHAPITRE XXV.

―――

> « Va secouer les sacs de ces moines avares,
> » Délivre de prison ces anges (1) malheureux.
> » On voudrait vainement m'éloigner de ces lieux.
> » Au nom de tous les saints : quand c'est l'or qui m'appelle,
> » Certes, je braverai cloche, livre et chandelle (2). »
>
> <div align="right">SHAKSPEARE. <i>Le roi Jean.</i></div>

La nuit fut orageuse, et le vent et la pluie se succédaient alternativement. — Eh mon Dieu! dit le vieux mendiant en s'approchant du vieux chêne dont les branches touffues le mettaient à couvert de la pluie, et dont le large tronc lui offrait un abri contre le vent,

(1) Anges, pièce de monnaie du temps, appelée en France ingelot ou angelot. — ÉD.

(2) *Bell, book, and candle.* Allusion aux anciennes cérémonies d'excommunication contre ceux qui avaient offensé l'Église. Maudire quelqu'un avec la cloche, le livre et la chandelle (le cierge), est resté en Angleterre une phrase proverbiale. — ÉD.

comme la nature humaine est étrange et inexplicable !
Ne faut-il pas que ce Troussediable soit bien affamé
d'argent pour venir pendant une pareille nuit dans un
lieu si triste et si solitaire ? Et moi donc, ne suis-je pas
encore plus fou que lui de m'amuser à l'attendre ici ?

Après avoir fait ces sages réflexions, il s'enveloppa
dans son manteau bleu, et fixa les yeux sur la lune, qui
paraissait de temps en temps entre les nuages que le
vent chassait devant lui. La lumière pâle et mélancolique
que l'astre envoyait à travers les ombres des nuages, tombant à plein sur les arches cintrées et les fenêtres en ogive
du vieil édifice, en rendait un instant visibles les vieilles
ruines qui bientôt ne formaient plus qu'une masse noire
et confuse. Le petit lac avait aussi sa part de ces éclairs
passagers de lumière, qui en faisaient voir les eaux écumeuses tourmentées par l'ouragan ; et quand un nuage
voilait le disque de la lune on ne distinguait plus que
la voix sourde des vagues expirant sur le sable du rivage. L'étroit vallon retentissait du craquement des
arbres ; et lorsque la fureur des vents se calmait un
peu, ce bruit n'était plus qu'un léger murmure semblable aux soupirs d'un criminel épuisé par les souffrances de la torture. Cette réunion de circonstances aurait procuré à la superstition cette jouissance de terreur
mystérieuse qu'elle aime et redoute ; mais l'esprit d'Ochiltrie était inaccessible à de pareilles idées, et son imagination se reporta sur les scènes de sa jeunesse.

— Plus d'une fois, se dit-il à lui-même, j'ai monté
la garde aux avant-postes en Allemagne et en Amérique
par de plus mauvaises nuits que celle-ci, et quand je
savais qu'il pouvait y avoir à peu de distance dans le
bois une douzaine de tirailleurs. Mais j'ai toujours été

actif et ferme à mon poste, et personne ne peut se vanter d'y avoir jamais trouvé Edie endormi.

Tout en parlant ainsi, il appuya, comme par instinct, son fidèle bâton ferré contre son épaule, dans la posture d'une sentinelle en faction, et entendant quelqu'un avancer vers lui, il s'écria d'un ton mieux assorti à ses réminiscences militaires qu'à sa situation actuelle : — Halte ! qui va là ?

— Diable ! pon Edie, répondit Dousterswivel ; pourquoi parler aussi haut que si vous être un factionnaire ?

— Parce que je m'imaginais être une sentinelle en faction. Quelle nuit épouvantable ! Avez-vous apporté une lanterne et un grand sac pour l'argent ?

— Oui, oui, mon pon ami. Voici ce que fous appeler une pesace ; un côté être pour fous, et l'autre pour moi. Quand elle être pleine, moi la mettre sur mon chefal pour fous épargner la peine de la porter.

— Vous avez donc amené un cheval ?

— Oui, mon fieil ami, et moi l'afoir lié ici près à un arpre.

— Je n'ai qu'un mot à dire à cela. Votre cheval ne portera pas mon argent.

— Non ; de quoi fous afoir peur ?

— Seulement de perdre de vue le cheval, le cavalier et l'argent.

— Diaple ! fous traiter un gentilhomme comme si lui être un grand coquin.

— A quoi bon se quereller ? Voulez-vous que notre marché tienne ? Si vous ne vous en souciez pas, je retournerai sur la bonne paille d'avoine du fermier Ringan, que je n'ai pas quittée sans regret, et je reporterai la pelle et la pioche où je les ai prises.

Dousterswivel délibéra un instant. En laissant partir Edie, il pourrait s'attribuer la totalité du trésor qu'il espérait trouver. Mais il réfléchit qu'en ce cas il n'aurait pas d'outils pour creuser la terre, et que quand il en aurait il ne pourrait peut-être lui seul l'ouvrir à une profondeur suffisante. Ce qui le détournait surtout de prendre ce parti, c'était le souvenir de la terreur qu'il avait éprouvée en ce lieu la nuit qu'il y était venu avec sir Arthur, et il ne se souciait nullement de troubler lui seul le repos de la tombe de Malcolm Baltard. Il chercha donc à reprendre son ton de cajolerie ordinaire, quoiqu'il fût intérieurement courroucé; il pria son pon ami M. Edie de lui montrer le chemin, et l'assura qu'il était disposé à faire tout ce qui lui serait agréable.

— Eh bien, marchons donc, dit Ochiltrie; mais prenez garde à vos pieds parmi ces grandes herbes et au milieu de toutes ces pierres. Je ne sais si nous pourrons garder la chandelle allumée par le vent qu'il fait. Heureusement la lune éclaire de temps en temps.

Tout en parlant ainsi Ochiltrie, que l'adepte suivait pas à pas, s'avançait vers les ruines. Tout à coup il s'arrêta, et se tournant vers son compagnon, — M. Troussediable, lui dit-il, vous qui êtes un savant et qui connaissez toutes les merveilles de la nature, me direz-vous une chose? Croyez-vous aux esprits et aux revenans, oui ou non?

— Ah! pon M. Edie, n'être pas le temps et le lieu pour faire une telle question.

— Si vraiment, car je dois vous dire franchement qu'on prétend que l'esprit de Baltard s'est souvent montré ici. Or il serait désagréable de le voir paraître pendant une pareille nuit. D'ailleurs il ne serait peut-être pas plus content qu'il ne faut de la visite que nous allons rendre à sa tombe.

— *Alle guter geister,* marmota l'adepte entre ses dents, et le tremblement de sa voix fit perdre le reste de la conjuration. Fous afoir grand tort de parler ainsi, M. Edie; après ce que moi afoir fu et entendu en cette place, moi croire féritablement.....

— Quant à moi, dit Ochiltrie en entrant dans le chœur, et avec un geste de bravade, je ne me donnerai pas la peine de faire craquer mon pouce pour l'empêcher de paraître en ce moment. Après tout, ce n'est qu'un esprit sans corps, et nous avons un corps et un esprit.

— Paix, pour l'amour du ciel! s'écria Dousterswivel : quel pesoin de parler ainsi de quelqu'un ou de personne?

— Eh bien, dit le mendiant en ouvrant la lanterne, nous voici arrivés, et, esprit ou non esprit, je creuserai un peu plus avant dans ce tombeau. — Il descendit dans la fosse d'où l'on avait tiré la veille la précieuse caisse, et se mit à travailler avec la pioche. Mais au bout de quelques instants, se trouvant fatigué, ou feignant de l'être : — Mes vieux bras ne sont plus accoutumés au travail, dit-il à son compagnon, il faut que je me repose. Prenez ma place à votre tour, jetez d'abord la terre hors de la fosse, et continuez ensuite à creuser. Je vous relèverai de garde.

Ochiltrie sortit de la fosse, et Dousterswivel y étant entré se mit à l'ouvrage avec toute l'ardeur que la cupidité et le désir de quitter ce lieu le plus promptement possible pouvaient inspirer à une ame intéressée, soupçonneuse et timide.

Le mendiant, fort à l'aise sur le bord du tombeau, se bornait à exhorter son associé à travailler avec courage :
— Sur ma foi, dit-il, peu de gens ont jamais travaillé pour de si bons gages. Quand nous ne trouverions qu'une caisse dix fois moins grande que celle n° 1, elle vaudrait plus du double, puisqu'elle sera pleine d'or au lieu d'argent. Vous travaillez vraiment comme si vous n'aviez fait toute votre vie que manier la pelle et la pioche. Vous seriez en état de gagner une demi-couronne par jour. Prenez garde à cette pierre! — Et feignant d'aider l'adepte à faire sortir du trou une grosse pierre, il la lui fit retomber sur les jambes.

Pendant ce temps, Dousterswivel travaillait sans relâche à défoncer un sol mêlé d'argile et de pierres, et jurait au fond du cœur; mais, si une syllabe de blasphème échappait à ses lèvres, Edie changeait de batterie.

— Ne jurez pas! gardez-vous en bien! Savons-nous qui peut nous écouter? Eh mon Dieu! que vois-je là-bas? Rien, rien. Ce n'est qu'une branche de lierre qui tombe sur ce mur; mais, quand la lune y donnait, on aurait cru que c'était le bras d'un mort tenant un cierge. J'ai pensé un moment que c'était Baltard lui-même. Allons, bien, courage, déblayez la terre que vous avez détachée, jetez-la hors du trou. Vous seriez un aussi bon fossoyeur que Will Winnet, et ce n'est pas peu dire. Eh bien! voilà le bon moment; pourquoi vous arrêtez-vous?

— Pourquoi? répliqua l'adepte d'un ton de colère et de mécontentement ; — parce que moi afoir troufé le roc sur lequel ces maudites ruines afoir été construites.

— Vous perdez courage au moment de réussir. C'est sans doute la pierre qui couvre le trésor. Prenez la pioche, et frappez fort. Quelques bons coups suffiront pour la briser. Plus fort! A la bonne heure! il y va avec la force de Wallace.

Dousterswivel, excité par l'espoir qu'Edie faisait luire à ses yeux, frappa quelques coups de toutes ses forces, en levant ses bras jusqu'à la hauteur des épaules, et réussit à briser, non la pierre, qui était véritablement le roc vif, mais l'outil dont il se servait.

— Là! s'écria Edie, voilà la pioche de Ringan brisée. N'est-ce pas une honte qu'on vende à Fairport d'aussi mauvais outils? Mais n'importe, continuez ; essayez avec la pelle.

L'adepte, sans lui répondre, sortit de la fosse, qui pouvait alors avoir au moins six pieds de profondeur, et s'adressant à son associé d'une voix tremblante de colère : — M. Edie, s'écria-t-il, moi fous apprendre à fouloir rire à mes dépens; moi fous faire connaître Herman Dousterswivel.

— Je vous connais bien, M. Dousterdiable; je vous connais depuis long-temps. Mais il ne s'agit pas ici de rire ; je n'ai pas moins d'envie que vous de trouver notre trésor. Notre besace devrait déjà être remplie. J'espère qu'elle sera assez grande pour le contenir.

— Miséraple mendiant, si fous lâcher encore un quolipet, moi fous fendre le crâne avec cette pelle.

— Et où seraient mes mains et mon bâton ferré pendant ce temps? Allez, allez, M. Troussediable, je n'ai pas vécu si long-temps dans le monde pour m'en laisser renvoyer de cette manière. Pourquoi vous emporter ainsi contre vos amis? Allons, je vais travailler à mon tour, et je parie que je trouve un trésor dans une minute. A ces mots, il descendit dans la fosse. — Donnez-moi la pelle, dit-il à l'adepte.

— Moi fous jurer, M. Edie, s'écria Dousterswivel, dont les soupçons étaient alors pleinement éveillés, que si fous afoir foulu prendre fotre difertissement à mes dépens, moi prendre pientôt le mien aux fôtres, en fous prisant les os.

— Écoutez-le! s'écria Ochiltrie; il sait la manière dont il faut s'y prendre pour forcer les gens à trouver des trésors. Je serais tenté de croire qu'il a reçu lui-même quelque leçon à ce sujet.

A ces mots, qui contenaient une allusion directe à ce qui s'était passé entre sir Arthur et lui lors de la découverte de la corne, l'adepte perdit le peu de patience qui lui restait; et, ramassant le manche de la pioche brisée, il allait en décharger un grand coup sur la tête mendiant, si celui-ci ne se fût écrié d'une voix ferme et imposante : — Fi! fi! croyez-vous que le ciel et la terre souffrent que vous assassiniez un vieillard sans défense? Regardez derrière vous.

Dousterswivel se retourna, et, à sa grande consternation, vit sur ses talons une grande figure noire. Cette apparition ne lui donna le temps ni de se mettre en défense ni de proférer un exorcisme, car son ennemi inconnu, venant sur-le-champ aux voies de fait, lui fit pleuvoir sur les épaules une grêle de coups si bien appliqués, qu'il en fut renversé et resta quelques minutes sans connaissance.

Quand il revint à lui, il était seul dans le chœur, étendu sur la terre humide tirée de la tombe de Malcolm Baltard. Il se releva avec une sensation confuse de douleur physique, de colère et de terreur, et ce ne fut qu'au bout de quelques instans que ses idées devinrent assez nettes pour qu'il se rappelât le motif qui l'avait amené en ce lieu, et ce qui lui était arrivé. En y réfléchissant, il ne douta nullement que l'appât que lui avait présenté Ochiltrie, pour l'attirer en ce lieu solitaire, les sarcasmes qui l'avaient excité à une querelle, le secours que le mendiant avait reçu si à propos, et les coups dont ses épaules conservaient encore la sensation, ne fussent les diverses parties d'un complot tramé contre Herman Dousterswivel. Il ne put s'imaginer qu'il ne devait qu'à la malice d'Edie la fatigue, la terreur et les coups qu'il avait supportés tour à tour, et il en conclut que le mendiant n'avait fait que jouer le rôle qui lui avait été assigné par quelque personnage plus important. Ses soupçons flottaient entre Oldbuck et sir Arthur. Le premier n'avait jamais cherché à lui déguiser son mépris et son aversion; mais il avait fait au second un tort irréparable; et, quoiqu'il crût bien que le baronnet n'en connaissait pas toute l'étendue, il était présumable qu'il avait assez entrevu la vérité pour former des projets de vengeance. Ochiltrie d'ailleurs avait fait allusion à une circonstance dont l'adepte devait croire que sir Arthur et lui avaient seuls connaissance; il fallait donc qu'il l'eût apprise du baronnet. D'une autre part, sir Arthur n'avait pris sa défense que bien faiblement quand Oldbuck l'avait si vertement attaqué. Enfin la manière dont il supposait que le baronnet avait voulu se venger s'accordait assez avec ce qu'il avait vu pratiquer dans des pays qu'il connaissait mieux que le nord de l'Angleterre. Pour lui, comme pour la plupart des méchans, soupçonner une injure et faire serment de s'en venger ce n'était qu'une seule opération de l'esprit. Aussi ne fut-il pas long-temps à jurer la ruine de son bienfaiteur, et malheureusement il n'avait que trop de moyens pour l'accélérer.

Mais, quoique des projets de vengeance roulassent déjà dans son imagination, ce n'était pas l'instant de s'y livrer : l'heure, le lieu, la crainte que ses ennemis ne fussent près de lui ou dans le voisinage, ne permirent alors à l'adepte que de songer au soin de sa conservation. Dans le premier moment de saisissement, il avait laissé tomber sa lanterne, et la chandelle s'était éteinte. Le vent, qui naguère soufflait si violemment dans les ruines, avait cédé à une grosse pluie ; la lune avait tout-à-fait disparu ; et quoique Dousterswivel connût assez bien le local, et sût qu'il devait sortir du chœur par une porte située du côté de l'orient, cependant la confusion de ses idées était telle qu'il se passa quelque temps avant qu'il pût juger de quel côté il devait la chercher. Dans cet embarras, ses craintes superstitieuses, grace à l'obscurité et à sa mauvaise conscience, se représentèrent à son imagination troublée ; mais il chercha vaillamment à les écarter.

—Fadaises ! sottises ! se dit-il à lui-même, le pras qui m'afoir frappé être trop lourd pour appartenir à un esprit. Diaple ! un paronnet écossais à crâne épais, que moi afoir mené par le nez pendant cinq ans, afoir joué un pareil tour à Herman Dousterswivel !

Comme il était venu à cette conclusion, un nouvel incident le replongea tout à coup dans le doute et l'incertitude. Au milieu du murmure mourant des vents et du bruit que faisaient de grosses gouttes de pluie en tombant sur les pierres et sur les feuilles des arbres, il entendit, à ce qu'il paraissait, à peu de distance de lui, une musique vocale dont les sons étaient si lugubres et si solennels, qu'on aurait cru que les esprits de tous les moines qui avaient autrefois habité ce prieuré étaient rassemblés pour déplorer la solitude et la désolation dont leur sainte demeure était alors le théâtre. Ce nouveau phénomène sembla faire prendre racine à Dousterswivel, qui marchait à tâtons le long des murs du chœur. Toutes les facultés de son ame semblaient en ce moment concentrées dans le sens de l'ouïe, et il reconnut un des chants lugubres que l'Église romaine consacre au culte des morts. Quels étaient ces chantres inconnus et invisibles? Pourquoi leurs voix se faisaient-elles entendre dans cette solitude? C'étaient des questions que son imagination effrayée, et livrée à toutes les chimères superstitieuses des Allemands sur les fées, les sorciers, les loups-garoux, les esprits blancs, gris, noirs et de toutes les couleurs, osait à peine se faire, et ne pouvait résoudre.

Un autre de ses sens ne tarda pas à être également occupé. A l'une des extrémités du chœur était un escalier conduisant sous des voûtes souterraines, et fermé par une grille en fer : tout à coup il vit une lueur rougeâtre sortir à travers les barreaux, et se réfléchir sur les marches de l'escalier. Dousterswivel hésita un instant; puis, prenant subitement une résolution désespérée, il s'avança vers l'endroit d'où partait la lumière.

Prononçant tous les exorcismes que sa mémoire put lui fournir, et s'armant par là d'un nouveau courage, il s'approcha de la grille, d'où il pouvait voir sans être vu tout ce qui se passait dans le souterrain. Tandis qu'il s'y rendait d'un pas timide et incertain, les chants cessèrent, et un profond silence y succéda. Quand il arriva à la grille, un spectacle auquel il ne s'attendait guère s'offrit à ses yeux sous la voûte. Une fosse ouverte, quatre torches, d'environ six pieds de hauteur, placées à chaque coin; une bière découverte, dans laquelle était déposé un cadavre les bras croisés, et soutenue sur des tréteaux à côté de la fosse; un prêtre portant une chasuble et tenant en main le livre de l'office divin; un autre ecclésiastique couvert d'un surplis et portant un bénitier et un goupillon; deux enfans en aube agitant des encensoirs; un homme d'une taille jadis avantageuse et imposante, mais à présent courbé par l'âge ou les infirmités, debout près du cercueil, en vêtement de deuil; tels étaient les principaux personnages du groupe. A quelque distance, et le long des murs du souterrain, étaient rangées plusieurs personnes des deux sexes, toutes en deuil, immobiles, et tenant en main un cierge de cire noire. Le prêtre lut alors d'une voix haute et sonore les prières solennelles que le rituel de l'Église catholique a consacrées pour rendre la poussière à la poussière.

Cependant Dousterswivel ne savait s'il rêvait ou s'il était éveillé, s'il voyait des hommes rendre les devoirs funèbres à un homme, ou si des esprits se jouaient de son imagination, en lui offrant la représentation des cérémonies religieuses autrefois célébrées si souvent dans ces lieux, mais qui le sont rarement aujourd'hui dans les pays protestans, et plus rarement encore en Écosse. Il hésitait s'il attendrait la fin de la cérémonie, ou s'il se retirerait pour continuer à chercher dans les ténèbres la porte de sortie du chœur, quand un changement dans sa position le fit apercevoir par un des assistans. Celui-ci alla faire part de sa découverte au personnage principal, qui était séparé des autres, et qui se trouvait le plus près du cercueil; ayant reçu ses ordres, il se détacha avec un de ses voisins, et tous deux, marchant sans bruit, pour ne pas troubler le service divin, ouvrirent la grille qui les séparait de notre adepte; chacun d'eux le saisit par un bras avec une force qui aurait rendu toute résistance inutile, si sa terreur lui eût permis d'y songer. Il le firent asseoir sur les carreaux du chœur, et restèrent à ses côtés, comme pour veiller sur lui. Convaincu alors qu'il était entre les mains d'hommes semblables à lui, Dousterswivel ouvrait la bouche pour faire quelques questions; mais l'un de ses gardiens lui montra du doigt le souterrain où l'on entendait la voix du prêtre qui lisait l'office des morts, tandis que l'autre, se plaçant un doigt sur la bouche, semblait lui ordonner le silence, injonction à laquelle l'adepte jugea prudent d'obéir. Ils le retinrent ainsi jusqu'à ce qu'un *alleluia*, qui retentit sous les voûtes solitaires de Sainte-Ruth, eut terminé la singulière cérémonie dont le hasard l'avait rendu témoin.

Lorsque tout fut rentré dans le silence et l'obscurité, la voix d'un de ses deux gardiens se fit entendre, et dit d'un ton familier : — Eh mon Dieu! est-ce bien vous, M. Dousterswivel? Pourquoi ne nous avez-vous pas dit que vous désiriez assister à la cérémonie? Milord ne pouvait trouver bon qu'on semblât venir l'espionner de la sorte.

— Au nom de toutes les puissances du ciel et de la terre, dit l'adepte, moi fous conjurer de me dire qui fous être?

— Qui je suis? Qui voulez-vous que je sois, sinon

Ringan Aikvood, fermier à Knockwinnock? Et que faites-vous ici à une pareille heure de la nuit, si vous n'y êtes pas venu pour voir l'enterrement?

— Moi fous déclarer, mon pon Ringan Aikwood, que moi avoir été cette nuit volé, assassiné, et mis en crainte pour ma vie.

— Volé! qui oserait voler dans un tel lieu? Assassiné! vous parlez encore assez bien pour un homme assassiné. Mis en crainte pour votre vie! et qui a pu vous mettre en crainte, M. Dousterswivel?

— Qui? mon pon M. Aikwood; ce fieux chien de mécréant à manteau pleu, Edie Ochiltrie.

— C'est ce que je ne croirai jamais. Je connais Edie, comme mon père l'a connu avant moi, c'est-à-dire pour un homme franc, loyal et tranquille. D'ailleurs il est en ce moment à dormir paisiblement dans ma grange, et il n'en a pas bougé depuis dix heures du soir. Ainsi, quoi que vous ayez fait ou qu'on ait pu vous faire, je réponds qu'Edie en est innocent.

— Et moi fous répondre, M. Ringan Aikwood, que fotre innocent ami Edie Ochiltrie m'afoir folé cette nuit cinquante lifres, et que lui n'être pas plus en ce moment dans fotre grange que moi dans le royaume des cieux.

— Eh bien! M. Dousterswivel, à présent que le service funèbre est terminé, si vous voulez venir à la maison on vous y fera un lit, et l'on verra si Edie est dans la grange. Il est certain que tandis que nous apportions le corps on a vu rôder deux garnemens dans les ruines; et le prêtre, qui n'aime pas que des hérétiques assistent aux cérémonies de notre église, a mis à leur poursuite quelques-uns de nos gens, de sorte que nous en aurons des nouvelles.

Tout en parlant ainsi, le fermier se débarrassait de son manteau de deuil; son fils, qui était le personnage muet, en fit autant, et ils se mirent en marche pour le toit hospitalier sous lequel Dousterswivel devait trouver le repos dont il avait grand besoin.

—Moi m'adresser demain aux magistrats, disait l'adepte; moi faire mettre demain la loi à exécution contre tous les coupables.

Tandis qu'il formait ainsi des projets de vengeance, il sortait des ruines appuyé sur Ringan et sur son fils, car son état de faiblesse lui rendait ce secours fort nécessaire.

Quand ils furent sur la hauteur qui domine la petite prairie dans laquelle le prieuré avait été construit, Dousterswivel aperçut les torches et les cierges qui lui avaient causé tant d'alarmes sortir des ruines d'un autre côté, et leur lumière se réfléchir sur les eaux du lac. Il suivit quelque temps des yeux cette procession qui s'avançait en ordre irrégulier; mais elle disparut tout à coup, toutes les lumières s'étant éteintes en même temps.

—En pareilles occasions, dit le fermier, nous avons coutume d'éteindre les torches et les cierges au puits de la Sainte-Croix.

Il ne resta donc plus aucune trace de cette cérémonie lugubre, si ce n'est le bruit des chevaux que montaient ceux qui en avaient été les acteurs, bruit qui, diminuant à mesure qu'ils s'éloignaient, cessa bientôt de se faire entendre.

CHAPITRE XXVI.

> « Vogue, barque rapide,
> » Sur les flots mugissans ;
> » Qu'un bon ange te guide
> » En dépit des autans ;
> » Dans sa barque légère,
> » Gagne-pain du pêcheur,
> » Qu'il brave l'onde amère,
> » Qu'il trouve le bonheur !
> » Vogue, barque rapide,
> » Qu'un bon ange te guide. »
>
> *Vieille ballade.*

Il faut maintenant que nous introduisions nos lecteurs dans l'intérieur de la cabane de pêcheur dont nous avons parlé dans le chapitre IX du premier volume de cette histoire édifiante. Nous voudrions pouvoir dire qu'elle était passablement meublée, et qu'on y trouvait de l'ordre et une apparence de propreté; mais au contraire, nous sommes forcés d'avouer qu'on n'y voyait que confusion, désordre, et beaucoup d'objets très-dégoûtans; cependant il régnait dans la famille de Saunders Mucklebackit un air d'aisance et de satisfaction qui semblait prouver la vérité de ce sale proverbe : Un pourceau ne s'engraisse pas d'eau claire. Un grand feu, quoiqu'on fût en été, brillait dans le foyer, et servait à éclairer la chambre, comme à l'échauffer et à préparer les alimens. La pêche avait été heureuse; et, depuis le débarquement de la cargaison, la famille, avec son imprévoyance habituelle, n'avait cessé de faire frire et bouillir la portion destinée à la consommation domestique. Des assiettes de bois, placées sur la table, étaient remplies d'arêtes, de restes de poisson et de pain d'orge, et figuraient à côté de pots de bière à demi vides.

La vigoureuse Maggie, à la taille athlétique, toujours affairée, courant çà et là au milieu d'une demi-douzaine d'enfans des deux sexes et de différens âges, et criant quand elle en rencontrait un sur son chemin : — Dérangez-vous donc, petite peste! formait un contraste parfait avec l'air passif et presque stupide de la mère de son mari, femme arrivée à peu près au dernier terme de la caducité : assise dans son fauteuil ordinaire au coin du feu, dont elle semblait rechercher la chaleur quoiqu'elle parût à peine la sentir, sa quenouille attachée à sa bavette, et son fuseau à la main, elle filait nonchalamment suivant l'ancien usage des Écossaises, tantôt murmurant quelques mots qu'elle semblait s'adresser à elle-même, tantôt souriant d'un air idiot à ses petits-enfans qui la tiraient par son tablier de toile bleue à carreaux. Les plus jeunes enfans, rampant aux pieds de la vieille, suivaient des yeux les tours du fuseau, et tentaient même quelquefois de l'arrêter dans sa course irrégulière. Aujourd'hui le rouet a été tellement perfectionné en Écosse, que la princesse des contes de fées pourrait parcourir tout ce royaume sans risquer d'y être blessée par l'instrument dont l'atteinte lui devait être si fatale. Quelque tard qu'il fût, car il était plus de minuit, toute la famille était encore sur pied ; et bien loin qu'on songeât à se retirer, Maggie s'occupait à faire griller des gâteaux de farine d'avoine; et la fille aînée, la syrène à demi nue dont il a déjà été question, préparait une pyramide de harengs de Findhord, c'est-à-dire séchés à la fumée de bois vert, pour compléter le repas savoureux du soir, ou pour mieux dire du matin.

Telle était la situation de la famille quand on frappa doucement à la porte, et l'on entendit en même temps une voix de femme demander : —Est-on encore levé?— Oui, oui, répondit-on, entrez, entrez. La porte s'ouvrit, et l'on vit paraître Jenny Rintherout, la servante de l'antiquaire.

—Eh! sirs (1)! s'écria la maîtresse de la maison : est-ce bien vous, Jenny? C'est une grande rareté que de vous voir.

— Eh! mon Dieu, la blessure du capitaine Hector nous a donné tant d'occupation que depuis quinze jours mes pieds n'ont pas passé le seuil de la porte. Mais il va mieux à présent, et le vieux Caxon couche dans sa chambre afin d'être prêt à lui donner tout ce dont il pourrait avoir besoin. Quand j'ai vu les maîtres couchés, je n'ai fait que mettre un snood à ma tête, j'ai laissé la porte fermée au loquet de crainte que quelqu'un

---

(1) Eh, Messieurs! exclamation qui répond à notre—Oh dame!
Éd.

ne voulût entrer ou sortir pendant mon absence, et je suis accourue ici pour voir ce qu'il y a de nouveau chez vous.

— Oui, oui, répondit la mère Mucklebackit, je vois que vous avez mis tous vos beaux ajustemens, et je sais pour qui. Mais Steenie n'est pas ici ce soir, et puis vous n'êtes pas faite pour Steenie; ce n'est pas une fille aussi peu forte que vous qui êtes en état de maintenir un homme.

— C'est Steenie qui n'est pas fait pour moi, répondit Jenny en secouant la tête avec un air qui n'eût pas mal été à une plus grande dame; il me faut un homme qui soit en état de maintenir sa femme.

— Bien, mon enfant, ce sont là de vos idées de ville et de l'intérieur des terres. Mais, sur ma foi, la femme du pêcheur connaît mieux son affaire. Elle est maîtresse du mari, du logis et de la bourse; entendez-vous cela, ma fille?

— Vous n'êtes que de pauvres souffre-douleurs, répondit la nymphe de terre à la nymphe de mer. Dès que la quille de sa barque a touché le sable, le fainéant de pêcheur ne fait plus rien de ses deux bras, et il faut que la femme retrousse ses jupons et se mette dans l'eau jusqu'au-dessus des genoux pour aller chercher le poisson. Pendant ce temps le mari ôte ses habits mouillés pour en reprendre de secs, prend sa pipe et sa pinte d'eau-de-vie, s'assied au coin du feu comme une vieille femme, et n'ayez pas peur qu'il fasse rien avant de remettre sa barque à flot. Quant à la femme, il faut qu'elle mette son panier sur son dos, qu'elle coure à la ville avec son poisson, et qu'elle se dispute et se chamaille avec tous ceux qui voudront en acheter. Voilà pourtant la vie que mène une femme de pêcheur, pauvre esclave qu'elle est!

—Esclave, dites-vous, Jenny? Appelez-vous esclave celle qui est le chef du logis? quand avez-vous entendu ou vu Saunders dire un mot, ou se mêler en rien de ce qui concerne la maison? Il ne s'inquiète que de manger, de boire et de se divertir, ni plus ni moins qu'un des enfans. Il a trop de bon sens pour dire que rien soit à lui chez nous, depuis la poutre du toit jusqu'à l'assiette de bois qui est sur le dressoir. Il sait qui le nourrit et qui l'habille, et qui fait tout au logis quand sa barque est dans le frith, le pauvre homme! Non, non, Jenny; qui vend la marchandise tient la bourse, et qui tient la bourse est maître à la maison. Montrez-moi un de vos fermiers qui laisse sa femme conduire son bétail au marché et en toucher le prix. Non, non.

—Eh bien! eh bien! Maggie, chaque pays a ses usages. Mais par quel hasard Steenie n'est-il pas ici, puisque les barques sont rentrées? Où est donc votre homme?

—J'ai fait coucher Saunders, parce qu'il était fatigué, et Steenie est allé je ne sais où avec le vieux besacier Edie Ochiltrie; ils ne tarderont sûrement pas à rentrer; asseyez-vous.

—Je ne puis rester long-temps, Maggie, dit Jenny en s'asseyant; mais il faut que je vous conte les nouvelles : avez-vous entendu parler d'une caisse pleine d'or que sir Arthur a trouvée à Sainte-Ruth? C'est à présent qu'il va lever la tête plus haut que jamais.

—Tout le pays en a entendu parler; mais Ochiltrie prétend qu'on en dit dix fois plus qu'il n'y en a, et il était présent quand on a tiré la caisse de terre. Il se passera du temps avant qu'un pauvre homme qui en aurait besoin fasse une telle trouvaille.

— C'est bien sûr; et vous savez que la comtesse de Glenallan est morte, et qu'on l'enterre cette nuit à Sainte-Ruth à la lueur des torches; et tous les papistes des environs, ainsi que Ringan Aikwood qui en est un, doivent s'y trouver, et l'on dit que ce sera la plus belle chose qu'on ait jamais vue.

— S'il ne s'y trouve que des papistes, dit la naïade, le cortège ne sera pas nombreux, car la vieille prostituée (1), comme le bon M. Blattergowl l'appelle, n'a que peu d'adorateurs qui boivent de sa coupe d'enchantement dans ce coin de nos terres choisies.—Mais pourquoi enterrent-ils cette vieille comtesse (c'était une rude femme) à une pareille heure de la nuit? Je suis sûre que ma mère pourrait nous le dire.

Ici elle éleva la voix, et s'écria deux ou trois fois : — Ma mère! ma mère! Mais la sibylle, soit par surdité, soit par suite de l'apathie à laquelle est sujette l'extrême vieillesse, continua à faire jouer son fuseau, sans répondre à cette apostrophe.

— Parlez à votre grand'mère, Jenny, dit Maggie; quant à moi, j'aimerais mieux héler la barque à un demi-mille de distance et avec le vent du nord-ouest contre moi.

— Grand'mère, dit la petite syrène d'une voix aigre à laquelle la vieille femme était plus habituée, ma mère

(1) *Harlot*. On pense bien que Maggie se sert d'un terme moins élégant que *prostituée* pour désigner Rome, d'après le digne ministre Blattergowl. — Ed.

demande pourquoi on enterre toujours les Glenallan à la lumière des torches dans les ruines de Sainte-Ruth.

La vieille s'arrêta comme elle allait tourner son fuseau, leva une main tremblante et desséchée, tourna vers le reste de la compagnie une face ridée, terreuse, et qu'on aurait pu prendre pour celle d'un cadavre, sans le mouvement encore assez vif de deux yeux d'un bleu pâle; et semblant saisir volontiers l'occasion de se mettre encore en rapport avec les vivans, elle répondit: — Pourquoi la famille Glenallan enterre ses morts à la lueur des torches? Est-ce que quelque Glenallan est mort?

— Nous serions tous morts et enterrés sans que vous en sussiez rien, dit Maggie; — et montant sa voix à un ton capable de frapper l'oreille de sa belle-mère : — C'est la vieille comtesse, cria-t-elle.

Alors la vieille Elspeth, d'une voix qui annonçait une émotion qu'éprouve rarement la caducité, et qu'on n'aurait pas attendue de son apathie et de son indifférence ordinaires, — Est-elle donc enfin appelée, dit-elle, à rendre son dernier compte, après sa longue carrière d'orgueil et de pouvoir? Que Dieu lui pardonne !

— Mais ma mère vous demandait, reprit la jeune syrène, pourquoi ils enterrent toujours leurs morts à la lueur des torches dans la famille Glenallan.

— C'est ce qu'ils ont toujours fait, répondit Elspeth, depuis le temps du grand comte qui fut tué à la fameuse bataille du Harlaw, après laquelle on dit qu'on entendit le coronach (1), depuis l'embouchure du Tay jusqu'au Buck de Cabrach (2), en un seul jour; et partout

(1) Chant de mort. — Tr.
(2) Dans le comté d'Aberdeen. — Éd.

c'étaient des lamentations pour ceux qui avaient péri en combattant contre Donald des îles. Or, la mère du grand comte vivait encore; c'était une race dure et austère que les femmes de la maison de Glenallan; elle ne voulut pas qu'il y eût de coronach pour son fils, et elle le fit enterrer silencieusement à minuit, sans que personne bût dans la coupe funéraire ou poussât les cris d'usage. Elle dit qu'il avait tué assez de montagnards le jour de sa mort pour que le coronach de leurs veuves et de leurs enfans servît pour eux et pour lui; elle le vit mettre dans le tombeau, d'un œil sec, sans laisser échapper un soupir ni un gémissement. Or, la famille s'est fait gloire de cette conduite et l'a toujours imitée ensuite, surtout dans ces derniers temps, parce qu'étant papiste, elle remplit les cérémonies de sa religion avec plus de liberté pendant la nuit qu'en plein jour. Au moins, de mon temps, la loi ne permettait pas ces sortes de pratiques, et les habitans de Fairport s'y seraient opposés. Peut-être n'est-il pas besoin de tant de mystère à présent; le monde est renversé : je sais à peine si je suis assise ou debout, morte ou vivante.

Et jetant un coup d'œil sur tous ceux qui étaient assemblés autour du feu, comme si elle eût cherché à sortir de ses doutes et de son incertitude, elle remit machinalement son fuseau en mouvement.

— Je ne sais où j'en suis, dit Jenny Rintherout à Maggie, quand j'entends votre mère parler ainsi; c'est comme la voix des morts qui s'adresse aux vivans.

— Vous ne vous trompez pas de beaucoup; elle ne s'inquiète de rien de ce qui se passe aujourd'hui; mais mettez-la sur ses vieilles histoires, et elle parle comme un livre; elle en sait plus long que bien des gens sur la famille de Glenallan, car son mari, le père de Saunders, a été bien long-temps le pêcheur de cette famille. Vous savez que les papistes se font un devoir de manger du poisson, et ce n'est pas le pire de leur religion; car j'étais toujours sûre de vendre mon plus beau poisson, et à bon prix, pour la table de la comtesse, (que Dieu ait pitié de son ame!) et surtout les vendredis. Mais voyez comme les mains et les lèvres de notre mère vont leur train. Tout en filant, elle se parle à elle-même; elle jasera maintenant toute la nuit, si l'on veut, quoiqu'elle passe des semaines sans dire un seul mot, si ce n'est aux enfans.

— Je vous dis, mistress Mucklebackit, que c'est une femme dont la présence m'impose. Êtes-vous bien sûre d'elle? On dit qu'elle ne va jamais à l'église et qu'elle ne parle point au ministre: on sait qu'elle a été papiste autrefois; mais depuis la mort de son mari, personne ne sait ce qu'elle est. — Ne croiriez-vous pas qu'elle est un peu sorcière?

— Sorcière! quelle simplicité! Pas plus que les autres vieilles femmes, si ce n'est Alison Breck, car, pour elle, je n'en jurerais point. Je l'ai vue revenir avec son panier rempli de crabes, quand les autres.....

— Paix! Maggie, paix! Votre mère va encore parler.

— Quelqu'un ne vient-il pas de dire, reprit la vieille Elspeth, que Joscelinde lady Glenallan est morte et enterrée; l'ai-je rêvé, ou bien est-ce une révélation qui m'a été faite?

— Oui, ma mère, cria Maggie: elle est morte.

— Ce n'est pas un grand malheur; elle a fait bien du mal pendant sa vie, et jusqu'à son propre fils. Est-il encore vivant?

— Oui sans doute, mais le sera-t-il encore long-temps, c'est une autre question. Ne vous souvenez-vous pas qu'il est venu vous demander, le printemps dernier, et qu'il vous a laissé de l'argent?

— Cela se peut bien, Maggie, je ne m'en souviens pas. C'était un beau garçon dans sa jeunesse, comme son père avant lui. Ah! si son père avait vécu, il aurait été plus heureux; mais il était mort, et la mère avait tout pouvoir sur son fils. Elle lui fit croire ce qu'il n'aurait jamais dû croire, et lui fit faire ce qu'il n'aurait jamais dû faire, ce dont il s'est repenti toute sa vie, et ce dont il se repentira toujours, quand il vivrait aussi long-temps que la vieille Elspeth.

— Quoi donc, grand'mère? quoi donc, ma mère? quoi donc, Elspeth? s'écrièrent en même temps trois ou quatre enfans, leur mère et Jenny Rintherout.

— Ne me le demandez pas, mais priez Dieu qu'il ne vous abandonne pas à l'orgueil et à l'opiniâtreté de votre cœur; cela peut se trouver dans une cabane comme dans un château; j'en puis rendre témoignage. Oh! cette nuit terrible et effrayante! jamais le souvenir n'en sortira de ma vieille tête. Et la voir étendue sur le sable, et l'eau de la mer qui dégouttait de ses longs cheveux! — La vengeance du ciel poursuivra tous ceux qui s'en sont mêlés. — Est-ce que mon fils est en mer par le vent qu'il fait?

— Non, ma mère, non. Il n'y a pas de barque qui puisse tenir à un pareil temps; il est couché.

— Steenie n'est donc pas en mer?

— Non, grand'mère, dit l'aînée des filles; Steenie est sorti avec le vieux mendiant, Edie Ochiltrie; ils sont peut-être allés voir l'enterrement.

— Cela ne se peut pas, dit la mère, nous ne l'avons appris qu'après leur départ, quand John Rand est venu nous dire que Ringan Aikwood avait reçu ordre de s'y trouver. Vous savez que les papistes n'aiment pas à donner trop de publicité à leurs cérémonies. Ils doivent apporter le corps cette nuit en grande procession du château de Glenallan aux ruines de Sainte-Ruth, à dix milles de distance. Il y a dix jours que la comtesse est sur un lit de parade dans une grande chambre toute tendue en noir, et éclairée par des cierges.

— Que le ciel lui fasse miséricorde! dit Elspeth, qui semblait toujours occupée de la mort de la comtesse; elle avait le cœur bien dur, mais elle est allée rendre compte à celui dont la miséricorde est infinie, et puisse-t-elle en trouver près de lui! — Elle retomba alors dans le silence, et ne parla plus du reste de la soirée.

— Je ne conçois pas ce que ce vieux mendiant et Steenie peuvent faire dehors par une pareille nuit, dit mistress Mucklebackit; et Jenny Rintherout ne montra pas moins de surprise.

— Qu'un de vous autres monte sur le rocher, dit la mère en s'adressant aux enfans, et qu'il crie bien fort afin qu'ils se dépêchent, s'ils sont à portée de l'entendre: nos gâteaux de farine d'avoine seront brûlés.

— L'aîné des garçons partit, mais il revint en courant au bout de quelques minutes, en s'écriant : Ma mère! grand'mère! il y a un esprit blanc qui court après deux esprits noirs dans la vallée.

Cette singulière annonce fut presque immédiatement suivie du bruit des pas de quelques personnes qui arrivaient; et Steenie Mucklebackit, suivi d'Ochiltrie, tous deux hors d'haleine, entrèrent précipitamment dans la cabane. Le premier soin de Steenie, en arrivant, fut de fermer la porte, et de chercher une grosse barre de bois qui servait de verrou.

— Vous avez donc oublié, lui dit sa mère, que nous l'avons brûlée dans le grand hiver, il y a trois ans? Des gens comme nous ont-ils besoin de fermer leur porte?

— Personne ne nous poursuit, dit le mendiant; nous sommes comme les méchans, qui fuient sans avoir personne à leurs trousses.

— Nous avons été poursuivis, dit Steenie, par un esprit ou par quelque chose qui ne vaut pas mieux.

— Je vous dis que c'était un homme à cheval, dit Ochiltrie; j'en suis sûr, et il nous aurait attrapés si sa monture ne se fût enfoncé les pieds à chaque pas dans le terrain humide et marécageux : j'ai couru aussi vite que si j'eusse été à Preston-Pans (1).

— Vous êtes deux fous, dit Maggie; c'est sûrement quelqu'un qui revenait de l'enterrement de la comtesse.

— Est-ce qu'on a enterré cette nuit la vieille comtesse à Sainte-Ruth? dit Ochiltrie. Voilà donc la cause du bruit et des lumières qui nous ont effrayés; j'aurais voulu le savoir, j'y serais resté, et je n'aurais pas laissé là notre homme. Vous avez frappé un peu fort, Steenie; je ne sais pas s'il s'en relèvera.

— N'ayez pas peur, il a de bonnes épaules, et je n'ai fait qu'en prendre la mesure avec mon bâton. Avez-vous oublié que si je ne l'eusse prévenu il n'y allait pas de main morte contre vous?

— Eh bien! eh bien! si je puis me tirer sain et sauf de cette bagarre, ce sera la dernière fois que je tenterai la

(1) Voyez Waverley. La fuite des Anglais était devenue proverbiale depuis cette bataille. — Ép.

Providence. Je ne crois pourtant pas qu'il y ait grand mal à jouer un tour semblable à ce voleur vagabond qui ne vit qu'en trompant les honnêtes gens.

— Et qu'allons-nous faire de ceci? dit Steenie en tirant de sa poche un porte-feuille.

— Que le ciel nous protège, Steenie! s'écria Edie d'un ton alarmé. Par quel hasard avez-vous ce porte-feuille? Savez-vous bien qu'il n'en faut qu'une seule feuille pour nous faire pendre tous deux?

— Je suppose qu'il était tombé de sa poche pendant que je secouais son habit; je l'ai senti à mes pieds en me baissant pour remettre notre homme sur ses jambes; je l'ai mis dans ma poche de peur qu'il ne se perdît dans l'obscurité, et pour le lui rendre ensuite; mais tout à coup nous avons entendu comme un bruit de chevaux, vous avez crié: Partons! partons! et je n'y ai plus pensé.

— Il faut le lui remettre de manière ou d'autre. Je crois que le mieux sera d'en charger Ringan Aikwood; il faudra que vous alliez le voir à la pointe du jour; je ne voudrais pas pour cent livres que ce porte-feuille se trouvât entre nos mains.

Steenie promit de ne pas y manquer.

— Il me paraît que vous avez bien employé la nuit, M. Steenie? dit Jenny Rintherout, mécontente de n'avoir pas attiré plus tôt l'attention du jeune pêcheur, et voulant enfin la fixer sur elle; vous l'avez fort bien employée en courant les champs avec des vagabonds, et en vous faisant poursuivre par des esprits, quand vous auriez dû être dans votre lit comme votre honnête homme de père.

Le jeune pêcheur riposta avec toute la raillerie rustique de son état, et l'on commença une attaque générale contre les gâteaux de farine d'avoine et les harengs fumés, renforcés d'un pot ou deux de *two-penny* (1), et d'une bouteille de gin. Le repas terminé, le mendiant alla se jeter sur une botte de paille dans une espèce de hutte attenante; les enfans avaient déjà gagné leurs lits l'un après l'autre, et l'on avait déposé la grand'mère sur son matelas de laine. Steenie, malgré la fatigue qu'il avait éprouvée, voulut escorter Jenny Rintherout jusqu'à Monkbarns, et l'histoire ne dit point à quelle heure il rentra. La maîtresse de la maison, après avoir mis le couvre-feu sur les charbons et rétabli une espèce d'ordre dans la chambre, se retira la dernière.

(1) Petite bière. — Éd.

CHAPITRE XXVII.

« Et plus d'un grand seigneur
» Donnerait de ses biens la moitié de bon cœur
» Pour apprendre à savoir mendier en grand style. »

Le buisson du mendiant.

Le vieux Edie se leva avec l'alouette, et son premier soin fut de demander des nouvelles de Steenie et du portefeuille. Le jeune pêcheur avait été obligé de partir avec son père avant le jour pour profiter de la marée ; mais il avait promis qu'aussitôt son retour il porterait à Ringan Aikwood le portefeuille, qu'il avait soigneusement enveloppé dans un vieux morceau de toile à voile, pour le charger de le remettre au propriétaire, c'est-à-dire à Dousterswivel.

La maîtresse de la maison avait préparé le repas du matin de sa famille, et ayant chargé sur ses épaules un panier rempli de poisson, elle s'avançait à grands pas sur le chemin de Fairport. Les enfans jouaient ensemble devant la porte, le jour étant beau et serein. La vieille Elspeth, assise suivant son usage dans son fauteuil d'osier, au coin du feu, avait repris son éternel fuseau sans être dérangée de son occupation par les cris des enfans ni par ceux de la mère qui avaient précédé la dispersion de la famille. Edie venait d'arranger sa besace, et s'apprêtait à reprendre sa vie vagabonde; mais il voulut d'abord faire ses adieux à la vieille grand'mère.

— Je vous souhaite le bonjour, grand'mère, accompagné de plusieurs autres ! Je reviendrai vers le commencement de la moisson, et j'espère vous retrouver en bonne santé.

— Priez plutôt pour me trouver bien tranquille dans mon tombeau, répondit Elspeth d'une voix creuse et sépulcrale, mais sans que ses traits offrissent la moindre agitation.

— Vous êtes vieille, Elspeth, et je ne suis guère moins vieux; mais nous devons attendre la volonté de celui qui ne nous oubliera point quand le temps en sera venu.

— Et qui n'oubliera point non plus nos actions : l'ame est responsable de ce que fait le corps.

— C'est la vérité, et une vérité que je puis prendre pour leçon, moi qui ai mené une vie vagabonde et déréglée; mais vous avez toujours été une femme sage, et quoique nous soyons tous fragiles, votre fardeau ne peut être bien lourd.

— Il n'est peut-être pas si lourd qu'il aurait pu l'être; mais c'est encore plus qu'il n'en faudrait pour couler à fond le plus beau brick qui ait jamais mis à la voile de Fairport. Mais à propos, quelqu'un ne disait-il pas hier,

— au moins j'ai cela dans l'esprit; — les vieilles gens ont l'esprit si faible! — il me semble pourtant qu'on disait que Joscelinde, comtesse de Glenallan, avait quitté cette vie?

— C'est bien la vérité, Elspeth; elle a été enterrée la nuit dernière à Sainte-Ruth, à la lueur des torches; et comme un fou je me suis laissé effrayer par le bruit de la cavalcade.

— C'est l'usage dans la famille, depuis que le grand comte a été tué à Harlaw. C'est sans doute par orgueil, pour montrer qu'ils ne doivent ni mourir ni être enterrés comme le reste des hommes. La femme ne pousse pas des cris de douleur à la mort de son mari, ni la sœur à celle de son frère. Mais est-il bien sûr qu'elle soit allée rendre son grand compte?

— Aussi sûr qu'il l'est que nous devrons rendre un jour le nôtre.

— Eh bien, n'importe ce qui en arrivera, je déchargerai ma conscience.

Elspeth prononça ces mots avec une vivacité qui ne lui était pas ordinaire, et elle accompagna ces paroles d'un geste de la main, comme si elle eût voulu jeter quelque chose loin d'elle. Elle se leva, redressa sa grande taille, désormais courbée par l'âge et les infirmités qui marchent à sa suite, et elle parut au mendiant telle qu'une momie à laquelle un esprit aurait rendu une existence momentanée. Ses yeux erraient de côté et d'autre comme si sa mémoire eût oublié et se fût rappelé tour à tour pourquoi elle avait enfoncé dans une grande poche sa main sèche et ridée, et quel était l'objet qu'elle y cherchait. Enfin elle en tira une petite boîte, et l'ayant ouverte, elle y prit une bague ornée d'une petite tresse de cheveux de deux couleurs, noirs et châtains clairs, entourés de riches brillans.

— Brave homme, dit-elle alors à Ochiltrie, si vous désirez obtenir merci du ciel, il faut que vous alliez pour moi au château de Glenallan, et que vous demandiez à parler au comte.

— Au comte de Glenallan, Elspeth! Oh! il ne veut voir aucun des nobles du pays! quelle apparence qu'il consente à recevoir un vieux mendiant comme moi?

— Faites ce que je vous dis, et dites-lui qu'Elspeth de Craigburnsfoot (il me reconnaîtra mieux par ce nom) a besoin de le voir avant qu'elle arrive à la fin de son pèlerinage, et qu'elle lui envoie cette bague pour lui indiquer l'affaire dont elle veut lui parler.

Ochiltrie regarda quelques instants la bague d'un air d'admiration, et la replaça dans la boîte, qu'il mit dans sa poche après l'avoir enveloppée dans un vieux mouchoir en guenilles.

— Eh bien, ma bonne femme, dit-il, je ferai votre commission, ou ce ne sera pas ma faute; mais à coup sûr jamais pareil présent n'a été envoyé à un comte de la part de la veuve d'un pêcheur, par les mains d'un vieux mendiant à besace.

Après avoir fait cette observation, Edie prit son bâton ferré, enfonça sur sa tête son chapeau à larges bords, et partit pour remplir sa mission. La vieille Elspeth resta quelque temps debout et immobile, les yeux fixés sur la porte par où son ambassadeur venait de partir. L'espèce d'émotion que cette conversation avait éveillée dans ses traits se dissipa bientôt; elle retomba sur son fauteuil, reprit sa quenouille et son fuseau, et se remit au travail avec son air habituel d'apathie.

Cependant Ochiltrie continuait sa route; il avait dix milles à faire pour arriver au château de Glenallan, et ce ne fut qu'au bout de quatre heures qu'il en fut proche. Avec la double dose de curiosité que lui donnaient sa vie oisive et son caractère ardent, il se mit l'esprit à la torture pendant tout le chemin pour deviner quel pouvait être le but du message mystérieux dont il était chargé, et quel rapport le riche, le fier, le puissant comte de Glenallan pouvait avoir avec les fautes et le repentir d'une vieille femme dont le rang dans le monde n'était guère au-dessus de celui qu'y occupait son messager. Il chercha à se rappeler tout ce qu'il avait jamais entendu dire de la famille Glenallan, et les plus grands efforts de mémoire ne le mirent pas en état de former une conjecture à ce sujet.

Il savait que les grands biens de cette ancienne et puissante famille étaient descendus à la comtesse qui venait de décéder, et qui avait hérité à un degré remarquable de ce caractère fier, sévère et indomptable qui avait toujours distingué la maison de Glenallan depuis qu'elle figurait dans les annales de l'Écosse. Comme tous ses ancêtres, elle faisait profession de la foi catholique romaine. Elle avait épousé un gentilhomme anglais de la même religion, et dont les biens étaient considérables; mais elle le perdit au bout de deux ans, et eut ainsi l'administration de la fortune immense de ses deux fils. L'aîné, lord Geraldin, qui devait succéder au titre de comte de Glenallan et à toute la fortune de sa mère, dépendait entièrement d'elle tant qu'elle existerait. Le second prit le nom et les armoiries de son père, et entra en possession des biens de celui-ci à sa majorité, conformément à une des clauses du contrat de mariage de ses parens. Après cette époque, il fit principalement sa résidence en Angleterre, ne faisant à sa mère et à son frère que des visites aussi courtes que peu fréquentes ; et même, après avoir embrassé la religion réformée, il finit par s'en dispenser tout-à-fait.

Mais avant d'avoir fait cette insulte mortelle à la fière comtesse de Glenallan, le séjour de son château offrait peu d'attraits à un jeune homme vif et dissipé comme Édouard Geraldin Neville, quoique cette sombre retraite parût convenir au caractère mélancolique de son frère aîné, qui ne se plaisait que dans la solitude. Celui-ci, dans le printemps de sa vie, avait donné les plus belles espérances : ceux qui l'avaient connu pendant ses voyages sur le continent avaient vu en lui un jeune homme accompli, fait pour réussir dans tout ce qu'il voudrait entreprendre. Mais l'aurore la plus brillante n'est pas toujours suivie d'un beau jour. Lord Geraldin revint en Écosse, et après avoir passé un an avec sa mère au château de Glenallan, il en prit le caractère sombre, sérieux et mélancolique. Exclu des fonctions publiques à cause de sa religion, et son goût ne le portant pas à se créer d'autres occupations, il passait sa vie dans la retraite la plus absolue. Sa société ordinaire se composait de quelques ecclésiastiques de sa communion qui venaient de temps en temps au château, et deux ou trois fois par an on y recevait avec grand apparat une ou deux familles qui professaient aussi la religion catholique ; quant aux voisins hérétiques, jamais ils n'y étaient admis ; les catholiques même, après avoir été reçus avec pompe et magnificence, s'en retournaient aussi surpris de l'air fier de la comtesse, que du profond accablement dans lequel son fils était sans cesse plongé. La mort de sa mère venait de le mettre en possession de son titre et de sa fortune, et bien des gens s'imaginaient déjà que l'indépendance ferait renaître en lui la gaieté. Mais ceux qui connaissaient un peu l'intérieur de la maison prétendaient que la constitution du comte était minée par ses austérités religieuses, et que, suivant toute probabilité, il ne tarderait pas à suivre sa mère au tombeau. Cet événement semblait d'autant plus probable que son frère était mort d'une maladie de langueur qui, dans les dernières années de sa vie, avait affecté son corps et son esprit. Les généalogistes consultaient déjà leurs archives pour chercher quel était l'héritier d'une famille prête à s'éteindre; et les hommes de loi parlaient, en se frottant les mains, de l'occupation que leur donneraient les divers prétendans à la succession de Glenallan.

Lorsque Edie aperçut la façade du château de Glenallan, ancien édifice dont la partie la plus moderne avait été construite d'après les plans du célèbre Inigo Jones (1), il commença à réfléchir sur les moyens qu'il emploierait pour obtenir accès auprès du comte et s'acquitter de son message Après une mûre délibération, il résolut de lui envoyer la bague par un de ses domestiques. En conséquence il entra dans une boutique, et s'y procura les moyens d'envelopper la boîte dans une feuille de papier qu'il cacheta, et il écrivit lui-même l'adresse: *Poure son oneur le compte de Glenlan.* Mais ayant assez d'expérience pour savoir que les paquets déposés à la porte des grands par des gens de son espèce n'arrivent pas toujours à leur adresse, il se décida, en vieux

(1) Il vivait sous Jacques Ier; il est mort en 1652. — Éd.

soldat, à faire une reconnaissance avant de procéder à l'attaque.

En s'approchant de la porte, le nombre des pauvres rangés devant la loge du portier, dont les uns étaient des indigens fixés dans les environs, les autres des mendians ambulans comme lui-même, lui fit reconnaître qu'il allait s'y faire une distribution générale d'aumônes.

— Un service rendu ne reste jamais sans récompense, pensa Ochiltrie. Il est possible que je reçoive une bonne aumône ici, que j'aurais manquée si je ne m'étais pas chargé de la commission de la vieille Elspeth.

En conséquence il prit place dans les rangs de ce régiment déguenillé, s'approchant de l'avant-garde autant qu'il le put, distinction qu'il croyait due à son âge non moins qu'à son manteau bleu et à sa plaque d'étain ; mais il apprit bientôt que c'était d'après d'autres principes que le droit de préséance s'y réglait.

— Êtes-vous donc à triple ration, l'ami, pour vous pousser en avant si hardiment? lui dit un de ses confrères ; je n'en crois rien, car on n'accorde pas cette plaque aux catholiques?

— Non, non, je ne suis pas romain, répondit Edie.

— Eh bien, rangez-vous donc là-bas parmi les doubles ou les simples rations, c'est-à-dire avec les épiscopaux ou les presbytériens. C'est une honte de voir un hérétique avec une longue barbe blanche qui ferait honneur à un ermite.

Repoussé ainsi par les mendians catholiques, ou du moins par ceux qui en prenaient le titre, Ochiltrie alla se ranger parmi les pauvres de la communion de l'église anglicane, auxquels le noble donateur accordait une double charité. Mais jamais pauvre non-conformiste ne fut plus mal reçu dans un synode d'épiscopaux, même du temps où leurs divisions étaient portées au plus haut degré de fureur, sous le règne de la bonne reine Anne.

— Voyez-le donc avec sa plaque, disait-on : à chaque anniversaire de la naissance du roi, il va entendre le sermon d'un prédicateur presbytérien, et il voudrait se faire passer pour un membre de l'église épiscopale! non, non; qu'il s'en aille! qu'il s'en aille!

Rejeté ainsi avec mépris par Rome et par l'épiscopat, Edie trouva enfin à se réfugier dans le groupe peu nombreux de mendians presbytériens à qui leur conscience n'avait pas permis de déguiser leurs opinions religieuses pour obtenir un double ou triple droit à la charité du maître du château, ou qui savaient qu'ils ne pouvaient recourir à cette ruse sans être certains de la voir découverte.

On observa les mêmes gradations dans le mode de distribution des charités, qui consistaient en pain, en viande et en argent. L'aumônier, ecclésiastique à l'air grave et sévère, présidait à celle qui se faisait aux catholiques. En leur délivrant leur triple portion, il faisait une ou deux questions à chacun d'eux, et recommandait à leurs prières feu Joscelinde, comtesse de Glenallan, mère de leur bienfaiteur. Le portier, tenant en main une grande canne à pomme d'argent, et en grand deuil, comme tout le reste de la maison, avait l'inspection des épiscopaux, et les presbytériens étaient abandonnés aux soins d'un vieux domestique.

Comme celui-ci discutait quelque point contesté avec le portier, son nom, qui fut prononcé par le hasard, frappa Ochiltrie. Il le regarda avec plus d'attention, et ses traits éveillèrent en lui un souvenir des anciens temps. Les autres pauvres étaient en marche pour se retirer, et le vieux domestique, voyant Edie rester immobile à la même place, s'écria, avec l'accent fortement prononcé du comté d'Aberdeen : — Que veut donc ce vieux fou? Pourquoi ne s'en va-t-il pas, puisqu'il a reçu son argent et sa ration de viande?

— Francis Macraw, dit Ochiltrie, ne vous souvenez-vous plus de Fontenoi? avez-vous oublié, *en avant!* et *bataillon carré?*

— Oh! oh! s'écria Macraw, le reconnaissant à son tour, personne ne peut me parler ainsi que mon ancien serre-file Edie Ochiltrie. Je suis fâché de vous voir dans un état si misérable, mon vieux camarade.

— Pas si misérable que vous pouvez le croire, répondit Edie; mais je ne voudrais pas m'en aller sans avoir causé un moment avec vous, car je ne sais quand je reviendrai ici, attendu que les protestans n'y sont pas des mieux reçus; et c'est pourquoi je n'y suis jamais venu jusqu'à ce jour.

— Eh bien, eh bien, reprit Macraw, venez avec moi, et je vous donnerai quelque chose de meilleur que cet os de bœuf.

Et ayant dit quelques mots à l'oreille du portier, probablement pour s'assurer de sa connivence, il attendit que l'aumônier fût rentré d'un pas lent et solennel, et introduisit son ancien compagnon d'armes dans la cour du château, dont la porte était décorée des différens emblèmes de l'orgueil et du néant de l'homme. On voyait au centre du fronton les armoiries de la famille Glenallan, entourées de celles de toutes les maisons illustres auxquelles elle était alliée, le tout bizarrement entremêlé de faux d'horloges de sable, et d'ossemens, emblèmes de cette mort qui place tous les hommes sous le même niveau. L'ayant fait passer le plus promptement possible dans une grande cour pavée, Macraw l'introduisit par une porte latérale dans une pièce située près de l'antichambre, et qui lui était exclusivement destinée, attendu qu'il était chargé du service personnel du comte de Glenallan. Se procurer des viandes froides, d'excellente ale, et même un verre de bonne eau-de-vie, ne fut pas une chose difficile pour un personnage de cette importance, à qui le sentiment de sa dignité n'avait pas fait oublier cette prudence écossaise qui lui recommandait de vivre en bonne intelligence avec le sommelier. Notre député mendiant fit un excellent repas avec son ancien camarade, lui rappela de vieilles histoires, et ce ne fut que lorsque les sujets de conversation lui manquèrent, qu'il se souvint de son ambassade.

— Il avait une pétition à présenter au comte, lui dit-il; car il ne jugea pas à propos de lui parler de la bague, ne sachant pas, comme il le dit ensuite, jusqu'à quel point les mœurs d'un simple soldat pouvaient avoir été corrompues par son service dans une grande maison.

— Le comte ne reçoit pas de pétition, répondit Macraw; mais je puis la remettre à l'aumônier.

— Mais la pétition a rapport à un secret dont milord sera peut-être charmé d'être seul instruit.

— Et c'est précisément pourquoi l'aumônier voudra la voir le premier.

— Mais j'ai fait tout ce chemin pour la présenter, Francis; et il faut absolument que vous me donniez un coup de main.

— Eh bien, je le ferai, mon vieux camarade; et que

l'aumônier se fâche si bon lui semble. Qu'en résultera-t-il? qu'on me renverra. Je pensais justement à demander mon congé pour aller finir mes jours tranquillement à Inverrary.

Ayant pris ainsi la résolution magnanime de servir son ami, puisqu'il ne pouvait en résulter aucun inconvénient pour lui-même, Macraw sortit de l'appartement, emportant le paquet que lui remit Ochiltrie. Il se passa quelque temps avant qu'il revînt, et à son retour son air annonçait la surprise et l'agitation.

— Je ne suis pas bien sûr, dit-il, que vous soyez Edie Ochiltrie, de la compagnie de Carrick, du 42ᵉ régiment. Je serais tenté de croire que c'est le diable que je vois en vous sous ses traits.

— Et pourquoi me parlez-vous de cette manière? lui demanda le mendiant fort étonné à son tour.

— Parce que je n'ai jamais vu personne dans l'état de surprise et de détresse où vous venez de mettre milord. Il veut vous voir; je n'ai pas eu la peine de lui demander une audience pour vous. Pendant quelques minutes, il était comme un homme hors de lui, et j'ai cru qu'il perdrait connaissance. Enfin, quand il est revenu à lui, il m'a demandé qui avait apporté ce paquet; et que croyez-vous que je lui aie répondu?

— Un vieux soldat. C'est ce qu'on peut dire de mieux à la porte d'un grand seigneur : à celle d'un fermier, il vaudrait mieux dire un vieux chaudronnier, parce que la bonne femme peut avoir quelque vaisselle à raccommoder.

— Mais je n'ai rien dit de tout cela, parce que milord ne se soucie pas plus de l'un que de l'autre : ce n'est pas de ce bois qu'il se chauffe. Je lui ai répondu que ce paquet m'avait été remis par un vieillard à longue barbe blanche, et que ce pouvait être un frère capucin, attendu qu'il était vêtu à peu près en pèlerin. Enfin milord sonnera quand il aura repris assez de forces pour vous voir en face.

— Je voudrais être débarrassé de cette affaire, et me trouver hors du château, pensa le mendiant en remuant les épaules de droite à gauche sous son manteau. Bien des gens pensent que le comte n'est pas tout-à-fait dans son bon sens; et qui sait s'il ne se mettra pas en colère contre moi, s'il vient à s'imaginer que je veux me faire passer pour ce que je ne suis point?

Mais la retraite était impossible. Le son d'une sonnette se fit entendre, et Macraw dit à demi-voix, comme si la présence de son maître lui en eût déjà imposé : — C'est la sonnette de milord. Suivez-moi, Edie, prudemment et sans bruit.

Edie suivit son guide, qui semblait marcher avec autant de précaution que s'il eût eu peur d'être entendu. Ils traversèrent un long passage, et montèrent un escalier dérobé qui les conduisit dans les appartemens du comte. Ils étaient vastes et nombreux, et meublés avec la magnificence et la splendeur convenables au rang et à l'ancienneté de la famille Glenallan. Mais tout l'ameublement annonçait le goût d'une époque déjà bien éloignée, et l'on aurait pu se croire dans le château d'un baron écossais avant la réunion des deux couronnes. Soit par orgueil de famille, soit pour montrer son mépris du temps dans lequel elle vivait, la comtesse qui venait de mourir n'avait jamais voulu qu'on remplaçât aucun de ces meubles antiques par de plus modernes. Ce qui en faisait le plus bel ornement était une collection précieuse de tableaux des meilleurs maîtres; mais le goût de la famille semblait avoir présidé à leur choix. A l'exception de quelques portraits par Van-Dick et d'autres peintres célèbres, on n'y voyait guère, au lieu de paysages et de tableaux d'histoire, que des traits tirés de la Vie des Saints et la représentation des souffrances des martyrs par le Dominiquin, Vélasquez et Murillo ; de tels sujets, souvent bizarres et quelquefois repoussans, donnaient encore un air plus sombre aux appartemens qu'ils ornaient. Le vieux mendiant lui-même ne put s'empêcher de remarquer cette circonstance, et il allait ouvrir la bouche pour en parler à son guide, quand celui-ci fit un geste pour lui recommander le silence.

Ouvrant une porte à l'une des extrémités de la galerie, Macraw introduisit Ochiltrie dans une petite antichambre tendue en noir. Ils trouvèrent l'aumônier, l'oreille tournée vers une porte en face de celle par où ils venaient d'entrer, et dans l'attitude d'un homme qui écoute avec attention, mais qui craint d'être découvert.

Le vieux domestique et l'ecclésiastique tressaillirent tous deux en s'apercevant, mais l'aumônier reprit le premier sa présence d'esprit, et, s'avançant vers Macraw, lui demanda à voix basse, mais d'un ton d'autorité, comment il avait osé entrer dans l'antichambre du comte sans frapper à la porte. — Qui est cet étranger? ajouta-t-il ; que vient-il faire ici? Retirez-vous sur-le-champ, et allez m'attendre dans la galerie.

—Il m'est impossible de satisfaire Votre Révérence en ce moment, répondit Macraw en élevant la voix de manière à se faire entendre dans la chambre suivante, convaincu que le moine n'oserait insister si le comte pouvait les entendre ; milord vient de sonner pour me demander.

En ce moment, on entendit la sonnette une seconde fois, et au bruit qu'elle fit on put deviner que le cordon avait été tiré avec un mouvement d'impatience. L'aumônier, jugeant qu'il était inutile après cela de chercher à se faire obéir, sortit de l'antichambre en levant le doigt vers Macraw avec un air de menace.

— Ne vous en avais-je pas prévenu? dit le domestique au mendiant; et en même temps il ouvrit la porte près de laquelle ils avaient trouvé l'aumônier.

CHAPITRE XXVIII.

« Cet anneau revêtu d'une force magique
» Retrace à mon esprit des scènes de terreur,
» D'amour, de désespoir, de plaisir et d'horreur. »

Le fatal mariage.

Toutes les anciennes étiquettes du deuil étaient exactement observées au château de Glenallan, malgré la prétendue dureté de cœur avec laquelle, selon le bruit populaire, les membres de cette famille refusaient à leurs parens, après leur mort, le tribut ordinaire de leurs larmes et de leurs gémissemens. On avait remarqué que lorsque la comtesse avait reçu la lettre fatale qui lui annonçait la mort de son second fils, de son fils favori, comme on l'avait cru long-temps, sa main, en la tenant, n'avait pas tremblé, et son œil n'avait pas montré plus d'émotion que s'il se fût agi d'une lettre traitant d'affaires ordinaires. Le ciel seul peut savoir si l'effort qu'elle dut faire sur elle-même pour sacrifier à son orgueil tout signe extérieur de son chagrin maternel, ne contribua pas à accélérer sa mort. Du moins on supposa généralement que l'attaque d'apoplexie qui termina son existence si peu de temps après, était une vengeance de la nature outragée par la résistance aux sentimens qu'elle inspire. Mais quoique lady Glenallan se fût abstenue de laisser paraître sur elle-même les signes ordinaires de la douleur, elle avait fait déployer le sombre appareil du deuil dans presque tous ses appartemens, et surtout dans ceux qu'elle et son fils occupaient.

Le comte de Glenallan était donc assis dans un appartement tendu en drap noir qui tombait en sombres plis le long de ses murs élevés. Un grand paravent, couvert aussi d'une étoffe noire, et placé en face de la croisée, interceptait une partie du jour qui parvenait à se frayer un passage à travers les vitres, sur lesquelles un artiste du quatorzième siècle avait peint un sujet tiré des lamentations du prophète Jérémie. La table devant laquelle le comte était assis était éclairée par deux lampes d'argent ciselé qui répandaient cette clarté douteuse et triste qui résulte du mélange d'une lumière artificielle avec celle que donne le jour. On voyait sur la même table un crucifix d'argent, avec deux livres couverts en parchemin, et fermant par des agrafes. Le seul ornement de cette chambre était un grand et superbe tableau de l'Espagnolet, représentant le martyre de saint Étienne.

Le maître de ce lugubre appartement était un homme encore de moyen âge, mais tellement usé par les souffrances de l'esprit et du corps ; si maigre, si débile, qu'il paraissait n'être plus qu'une ombre. Il se leva à la hâte pour s'avancer vers celui qui arrivait, et cet effort sembla presque au-dessus de ses forces. Quand ils se rencontrèrent au milieu de la chambre, le contraste qu'ils présentaient était frappant. Le visage vermeil, la démarche assurée, la taille droite du vieux mendiant, indiquaient la patience et le contentement au terme dernier de la vie humaine et dans le rang le plus bas de la société; tandis que les yeux enfoncés, les joues pâles et les jambes chancelantes du noble lord, prouvaient que ni le rang, ni la fortune, ni même les avantages de la force de l'âge, ne peuvent donner ce qui procure la paix à l'esprit et la vigueur au corps.

Le comte ordonna à Macraw de se retirer dans la galerie, et de ne laisser entrer personne dans l'antichambre avant qu'il eût sonné. Il attendit ensuite d'un air d'impatience jusqu'à ce qu'il eût entendu fermer successivement la porte de l'appartement où il était, puis celle qui conduisait de l'antichambre dans la galerie. Certain alors que personne ne pouvait l'entendre, lord Glenallan s'approcha d'Ochiltrie, qu'il prit sans doute pour un membre de quelque ordre religieux déguisé, et lui dit avec précipitation, mais en balbutiant : — Au nom de tout ce que notre religion a de plus sacré, dites-moi, mon révérend père, ce que je dois attendre d'une visite annoncée par l'envoi d'un objet lié à de si horribles souvenirs?

Le vieillard, interdit par un accueil si différent de celui qu'il comptait recevoir d'un seigneur fier et orgueilleux, ne savait ni que lui répondre ni comment s'y prendre pour le détromper.

— Dites-moi, continua le comte avec une agitation toujours croissante, dites-moi si vous venez m'annoncer que tout ce qui a été fait jusqu'à présent est insuffisant pour expier cet horrible crime, m'imposer de nouvelles pénitences, plus sévères, plus efficaces? je n'en refuserai aucune, mon père. J'aime mieux que mon corps souffre ici-bas pour expier mon crime, que d'exposer mon ame à des châtimens éternels dans l'autre monde.

Edie eut assez de présence d'esprit pour s'apercevoir que s'il ne se hâtait d'interrompre lord Glenallan dans les illusions de son repentir, il courait le risque de devenir le confident de secrets dont, par égard pour sa propre sûreté, il ne se souciait pas d'être instruit. Il s'empressa donc de s'écrier d'une voix tremblante : — Votre Seigneurie se trompe, je ne suis pas de votre communion. Je ne suis, sauf respect, que le pauvre Edie Ochiltree, mendiant du roi et de Votre Honneur.

Il accompagna cette explication d'un salut respectueux à sa manière, c'est-à-dire en s'inclinant profondément, après quoi, se relevant avec tout l'avantage que lui donnait sa grande taille, il s'appuya sur son bâton ; et rejetant en arrière ses longs cheveux blancs, il fixa ses yeux sur le comte comme s'il eût attendu sa réponse.

— Vous n'êtes donc pas, dit lord Glenallan après un moment de silence occasioné par la surprise, vous n'êtes donc pas un prêtre catholique?

— A Dieu ne plaise! s'écria Edie à qui son trouble fit oublier à qui il parlait, je ne suis qu'un mendiant du roi et de Votre Honneur, comme je vous l'ai déjà dit.

Le comte se détourna, et fit deux ou trois fois le tour de la chambre, comme pour se remettre des effets de sa méprise. Se rapprochant ensuite du mendiant, il lui demanda, d'un ton sévère et imposant, comment il avait osé se présenter devant lui, et par quel hasard il avait eu en sa possession la bague qu'il avait jugé à propos de lui envoyer.

Edie ne manquait pas d'une certaine hardiesse; il se trouva moins embarrassé par cet interrogatoire, qu'il ne l'avait été par le ton de confidence qui avait commencé l'entretien, et il répondit avec assurance : — Elle m'a été remise par une personne que Votre Seigneurie doit connaître mieux que moi.

— Que je dois connaître mieux que vous! dit lord Glenallan; que voulez-vous dire? Expliquez-vous sur-le-champ, ou je vous ferai repentir de vous être introduit ainsi au milieu d'une famille plongée dans l'affliction.

— C'est la vieille Elspeth Mucklebackit qui m'a chargé de vous la remettre, milord, et de vous dire......

— Vous radotez, vieillard; ce nom m'est inconnu; mais cette terrible bague me rappelle......

— Je me souviens, milord, qu'elle m'a dit que vous la reconnaîtriez mieux si je la nommais Elspeth de Craigburnsfoot, nom qu'elle portait quand elle demeurait sur vos terres, c'est-à-dire sur celles de votre honorable mère : Dieu fasse paix à ses mânes !

— Oui, dit le comte en fronçant le sourcil tandis que son visage prenait une teinte encore plus cadavéreuse; il est bien vrai que ce nom est écrit dans la page la plus tragique d'une déplorable histoire. Mais que me veut-elle? elle vit donc encore?

— Oui, milord; elle désire voir Votre Seigneurie avant de mourir. Elle veut vous communiquer quelque chose qui lui pèse sur la conscience, et elle dit qu'elle ne peut mourir en paix sans vous avoir vu.

— Sans m'avoir vu ! Que signifie cela? L'âge et les infirmités troublent sa raison. J'ai été la voir dans sa chaumière il y a environ un an, parce qu'on m'avait dit qu'elle était dans la détresse, et elle n'a reconnu ni mes traits ni ma voix.

— Si Votre Honneur me le permettait, dit le mendiant à qui la longueur de la conférence déliait la langue et rendait sa hardiesse naturelle, je vous dirais, sauf le jugement supérieur de Votre Seigneurie, que la vieille Elspeth ressemble à un de ces anciens châteaux ruinés qu'on voit sur nos montagnes. Il y a dans son esprit des parties qui tombent en ruines, mais il y en a d'autres qui n'en paraissent que plus fortes et plus solides, parce qu'elles s'élèvent au milieu des décombres; c'est une femme étonnante et incompréhensible.

— Elle a toujours été, dit le comte, répondant sans y songer aux observations du mendiant;—elle a toujours été différente des autres femmes. Par son caractère et sa tournure d'esprit, personne peut-être ne ressemblait mieux à celle qui n'est plus. Elle désire donc me voir?

— Avant de mourir, répondit Edie; elle souhaite vivement avoir ce plaisir.

— Ce ne sera un plaisir ni pour elle ni pour moi, dit le comte d'un air sombre; néanmoins elle sera satisfaite. Je crois me rappeler qu'elle demeure sur le bord de la mer, au sud de Fairport.

— Entre Monkbarns et le château de Knockwinnock, mais plus près de Monkbarns. Votre Honneur connaît sans doute le laird de Monkbarns et sir Arthur?

Lord Glenallan ne répondit à cette question qu'en fixant les yeux sur Edie comme s'il ne l'eût pas comprise. Le mendiant vit que l'esprit du comte était ailleurs, et n'osa pas répéter une interrogation qui avait si peu de rapport au sujet dont il s'agissait.

— Êtes-vous catholique, vieillard? demanda le comte.

— Non, milord, répondit Ochiltrie sans hésiter; car le souvenir de la distribution inégale de charités à la porte du château lui inspira de la fermeté : — grace au ciel, je suis bon protestant.

— Celui à qui sa conscience permet de se donner le titre de *bon* a véritablement droit de remercier le ciel, quelle que soit sa croyance religieuse. Mais où trouver cet être privilégié?

— Ce n'est pas moi, Votre Honneur; du moins je ne suis pas coupable du péché de présomption.

— Qu'étiez-vous dans votre jeunesse?

— Soldat, milord; et j'ai rudement travaillé pour m'avancer. J'aurais dû être fait sergent, mais.....

— Soldat! Ainsi vous avez pillé, volé, incendié, tué?

— Je ne dirai pas que j'aie mieux valu que les autres : la guerre est un rude métier; il ne paraît doux qu'à ceux qui ne le connaissent point.

— Et maintenant vous êtes vieux et misérable, obtenant d'une charité précaire la nourriture que, dans votre jeunesse, vous arrachiez au pauvre paysan!

— Je suis un mendiant, milord, c'est la vérité; mais je ne suis pas tout-à-fait si misérable que vous le pensez. Quant à mes péchés, le ciel m'a accordé la grace de m'en repentir. Celui qui a bien voulu s'en charger est plus en état que moi d'en supporter le poids. Pour ma nourriture, personne ne refuse à un vieillard un morceau de pain et un coup à boire. Je vis comme je peux, et je suis prêt à mourir quand il le faudra.

— Et ainsi donc, ne trouvant dans le passé que peu de souvenirs agréables ou honorables, l'avenir se présentant à vous encore moins favorablement dans cette vie, vous traînez sans regrets le reste de votre existence. Allez, retirez-vous; et, malgré votre âge, votre pauvreté, vos souffrances, ne portez jamais envie au seigneur d'un château comme celui-ci, ni quand il veille ni quand il repose. Voici quelque chose pour vous.

Le comte mit dans la main du vieillard cinq ou six guinées. Edie aurait peut-être, comme dans d'autres occasions, fait valoir le scrupule qu'il avait d'accepter un don si considérable, mais le ton du comte était trop absolu, son air trop sévère, pour qu'il osât se permettre une observation.

Lord Glenallan sonna, et Macraw parut à l'instant.

— Conduisez ce vieillard jusqu'à la porte du château, et veillez à ce que personne ne lui fasse de questions. — Et vous, retirez-vous, et oubliez le chemin qui conduit chez moi.

— Cela serait difficile, dit Edie en regardant l'argent qu'il tenait encore dans sa main; Votre Honneur m'a donné de trop bonnes raisons pour m'en souvenir.

Lord Glenallan jeta sur lui un coup d'œil qui semblait dire qu'il le trouvait bien audacieux d'oser lui répliquer; il lui réitéra, par un geste de la main, l'ordre de se retirer, et le vieux mendiant obéit sur-le-champ.

CHAPITRE XXIX.

> « On le voyait présider à leurs jeux ;
> » Arbitre né de toutes leurs querelles,
> » Si quelquefois il s'en glissait entre eux. »
>
> CRABBE. *Le Village.*

Conformément aux ordres de son maître, Francis Macraw conduisit son ancien compagnon d'armes jusqu'à la porte du château sans lui permettre d'avoir aucune conversation ni communication avec les domestiques du comte. Il l'accompagna même un peu plus loin, car, réfléchissant judicieusement que la restriction ne pouvait s'étendre jusqu'à lui qui était chargé du message, il fit tout ce qu'il put pour tirer d'Ochiltrie les détails de son entretien secret et confidentiel avec lord Glenallan ; mais Edie, dans le cours de sa vie, avait subi plus d'un interrogatoire, et il sut éluder toutes les questions de son ci-devant camarade. — Les secrets des grands seigneurs, se dit-il à lui-même, sont comme les animaux sauvages qu'on tient enfermés dans des loges bien grillées ; tant qu'ils sont sous les verroux, tout va bien ; mais ouvrez-leur la porte, ils se retournent contre vous et vous déchirent. Je me souviens de ce qu'il en a coûté à Dugald Gunn pour avoir lâché la bride à sa langue sur la femme du major et le capitaine Bandilier.

Francis vit donc toutes ses attaques échouer contre la discrétion du vieillard, et, semblable à un joueur d'échecs peu habile, à chaque faux mouvement il s'exposait lui-même aux coups de son adversaire.

— Ainsi, dit Francis, vous soutenez que vous n'aviez à parler à milord que de vos propres affaires ?

— Sans doute, et de quelques babioles que j'avais rapportées des pays étrangers. Je savais que vous autres papistes vous attachez un grand prix aux reliques qui viennent de bien loin.

— C'est vrai ; mais il faut que milord soit devenu tout-à-fait fou, si les brimborions que vous avez pu lui apporter ont été en état de le mettre ainsi tout hors de lui.

— Vous avez peut-être raison au fond ; mais il est possible que dans sa jeunesse il ait eu de grandes contrariétés, et rien ne dérange davantage l'esprit d'un homme.

— C'est la vérité, Edie, et vous pouvez bien le dire. Mais, puisque vous ne devez plus revenir au château, et que, quand vous y reviendriez, vous ne m'y trouveriez plus, je vous dirai que milord a eu le cœur tellement brisé et déchiré dans sa jeunesse, que c'est un miracle qu'il ait pu y résister si long-temps.

— Oui-da? Et je suppose qu'il s'agissait d'une femme.

— Tout juste, vous l'avez deviné; une de ses cousines, miss Eveline Neville, comme on l'appelait. On a parlé de cette affaire dans le pays, mais tout-bas, attendu qu'il était question de grands seigneurs. Il y a maintenant plus de vingt ans; oui, il y en a vingt-trois.

— J'étais alors en Amérique, et je ne pouvais pas entendre les propos du pays.

— Il n'y a pas eu grands propos, comme je vous le disais; on a eu soin d'étouffer bien vite la rumeur. Il aimait miss Eveline et il voulait l'épouser; mais sa mère éventa la mine, et alors le diable s'en mêla. La pauvre jeune fille se jeta du haut du Craigburnsfoot dans la mer, et ce fut la fin de l'histoire.

— La fin pour elle, mais non pour le comte, à ce qu'il me semble.

— Oh! elle n'aura de fin pour lui qu'avec sa vie.

— Mais pourquoi la vieille comtesse s'opposa-t-elle à ce mariage?

— Pourquoi? Elle n'en savait peut-être rien elle-même; mais qu'elle eût tort ou raison, il n'en fallait pas moins faire ses volontés. Cependant on savait bien que la jeune miss avait un certain penchant pour les hérésies du pays, et qu'elle était plus proche parente de lord Geraldin qu'il ne le fallait pour pouvoir l'épouser d'après les règles de notre Église. Enfin elle fut poussée à cet acte de désespoir, et depuis lors le comte n'a plus porté sa tête avec l'assurance d'un homme.

— Eh bien! dit Ochiltrie, il est étonnant que je n'aie jamais entendu parler de tout cela.

— Il ne l'est pas moins que vous en entendiez parler aujourd'hui, et du diable si aucun des domestiques aurait osé en ouvrir la bouche tant que la vieille comtesse a vécu. C'était une maîtresse femme, Edie, et il aurait fallu un fier homme pour pouvoir joûter contre elle. Mais elle est dans son tombeau, et, par conséquent, nous pouvons donner un peu de liberté à nos langues quand nous trouvons un ami. Mais adieu, Edie; il faut que je rentre pour l'office du soir. Si vous allez à Inverrary dans environ six mois, ne manquez pas de demander Francis Macraw.

L'invitation fut acceptée avec autant d'empressement qu'elle était faite avec cordialité, et les deux amis s'étant séparés avec tous les témoignages d'une affection mutuelle, le domestique reprit la route du château de son maître, et le mendiant continua à marcher du côté de Fairport.

C'était une belle soirée d'été, et le monde entier, c'est-à-dire le cercle restreint qui formait pour Edie le monde entier, lui était ouvert pour y choisir son logement pour la nuit. Quand il fut sorti des domaines moins hospitaliers de Glenallan, il avait le choix entre tant de gîtes qu'il en devenait difficile. A un mille de là, il y avait le cabaret d'Ailie Sim ; mais c'était un samedi soir, il y trouverait une foule de jeunes gens ne songeant qu'à se divertir, et il n'y aurait pas moyen d'avoir une conversation raisonnable. Il connaissait plusieurs fermiers et fermières dans les environs ; mais l'un était sourd et ne pourrait pas l'entendre ; l'autre n'avait plus de dents, et ce serait lui qui ne l'entendrait pas ; celui-ci était d'un caractère bourru, celui-là avait un chien hargneux. Il était sûr d'être bien reçu à Monkbarns et à Knockwinnock, mais c'était un peu loin pour s'y rendre ce soir.

— Je ne sais comment cela se fait, dit le vieillard, mais je suis plus difficile ce soir pour mon logement que je ne me souviens de l'avoir été de ma vie. Je crois que, pour avoir vu un si beau château, et reconnu qu'on peut être heureux sans cela, j'en suis devenu orgueilleux de mon sort. Que Dieu m'en préserve! car l'orgueil précède la perdition. Dans tous les cas, la plus mauvaise grange dans laquelle mendiant ait jamais couché me semblerait plus agréable que le château de Glenallan, malgré tous ses tableaux, toutes ses tentures de velours noir et les pièces d'argent qu'on y reçoit. Il faut pourtant me déterminer. Eh bien! allons chez Ailie Sim.

Comme il descendait la colline au bas de laquelle était situé le petit hameau où il se rendait, le soleil avait, en se couchant, mis fin aux travaux des habitans, et les jeunes gens, profitant d'une superbe soirée, jouaient à la boule sur une prairie, entourés d'un cercle nombreux de vieillards, de femmes et d'enfans. Le rire et les exclamations des joueurs formaient un chœur bruyant qui frappa de loin les oreilles d'Ochiltrie, et qui lui rappela le temps où il avait lui-même disputé et souvent remporté le prix dans les jeux qui demandent de la force et de l'agilité. De tels souvenirs manquent rarement d'exciter un soupir, même quand le soir de la vie est égayé par une perspective plus brillante que celle qui s'offrait à notre pauvre mendiant. — A cette époque, pensa-t-il assez naturellement, je n'aurais pas plus pensé à un vieux pèlerin qui serait descendu de la colline de Kinblythemont, que ces jeunes gaillards ne songent aujourd'hui au vieil Edie Ochiltrie.

Des pensées d'une nature moins triste succédèrent à cette réflexion, quand il vit qu'on attachait à son arrivée plus d'importance que sa modestie ne l'avait présumé. Un coup douteux avait fait naître une querelle entre les joueurs; et, comme le commis de l'accise s'était déclaré pour un parti, et le maître d'école pour l'autre, on pouvait dire que les grandes puissances se mêlaient de l'affaire. Le meunier et le serrurier soutenaient aussi chacun un parti opposé, et l'on apportait dans la dispute une chaleur qui donnait à craindre qu'elle ne se terminât pas à l'amiable. Mais la première personne qui aperçut le mendiant s'écria : — Ah! voici le vieil Edie; personne ne connaît mieux les règles de tous les jeux, il faut qu'il décide du coup.

— Oui, oui, cria-t-on des deux côtés; plus de querelles : nous nous en rapportons au jugement d'Edie.

Edie fut donc accueilli à son arrivée par une acclamation universelle d'allégresse, et on l'installa comme arbitre. Avec toute la modestie d'un ministre à qui l'on offre une mitre d'évêque, ou d'un membre de la chambre des communes qu'on appelle à remplir le fauteuil de président, le vieillard chercha à se soustraire à la responsabilité dont on voulait le charger. Mais, pour prix de son humilité, il eut la satisfaction d'entendre déclarer d'une voix unanime que, dans tout le pays, il n'existait personne qui fût plus en état de remplir en cette occasion l'office d'arbitre en dernier ressort.

Ayant reçu de tels encouragemens, il commença gravement l'exercice de ses fonctions, et s'étant fait expliquer l'affaire, il entendit ensuite, comme avocat des parties, d'un côté le serrurier et le commis de l'accise, et de l'autre le meunier et le maître d'école, après leur avoir recommandé de s'abstenir de toute expression injurieuse, et de n'avoir recours qu'à la justice et à la vérité. Il est pourtant vrai qu'avant le commencement des plaidoyers, Edie avait déjà intérieurement prononcé sa sentence, imitant en cela la conduite de plus d'un juge qui, quoique bien décidé à ne pas changer d'opinion, n'en écoute pas moins, par égard pour les formes, les plaidoyers des conseils des deux parties. Lorsqu'on eut établi et répété plusieurs fois les raisons pour et contre, notre ancien, bien avisé, tout bien considéré, rendit un jugement fort sage et fort modéré en déclarant que le coup contesté était nul, et ne pouvait profiter à personne. Cette décision judicieuse rétablit la paix parmi les joueurs; on reprit les boules; on poussa de nouveaux cris de joie, et quelques-uns ôtaient déjà leurs habits et leurs cravates pour les donner à garder à leurs mères, à leurs sœurs ou à leurs maîtresses. Mais la gaieté générale fut soudain interrompue.

Dans les derniers rangs du groupe nombreux rassemblé autour des joueurs, on commença à entendre un bruit d'une nature bien différente, ces espèces de soupirs étouffés et d'exclamations avec lesquels on reçoit la première nouvelle d'une calamité. Quelques femmes s'écrièrent à demi-voix : — Eh quoi! mourir si jeune et si subitement! On comprit sur-le-champ que quelque malheur était arrivé dans les environs, et chacun interrogeait à ce sujet son voisin, qui n'en savait pas davantage. Les cris de joie cessèrent. Enfin la funeste nouvelle circula de rang en rang, et arriva jusqu'à Ochiltrie, qui était au centre du cercle. La barque de Saunders Mucklebackit, le pêcheur dont nous avons si souvent parlé, avait coulé à fond, et l'on disait que les quatre hommes qui la montaient avaient péri, et que Mucklebackit et son fils Steenie étaient de ce nombre.

La renommée, en cette occasion comme en bien d'autres, avait été au-delà de la vérité. Il était vrai que la barque avait échoué; mais un seul homme avait été victime de ce funeste accident, et c'était Steenie Mucklebackit. Quoique la profession de ce jeune homme et le lieu de sa résidence lui donnassent peu de relations avec ces villageois, ils n'en payèrent pas moins ce tribut de sensibilité qu'obtient presque toujours une calamité soudaine et imprévue. Cette nouvelle frappa Ochiltrie en particulier comme un coup de tonnerre. Il se rappela qu'il avait engagé la veille ce jeune homme dans une espièglerie un peu forte; et, quoiqu'il n'eût eu dessein de nuire à l'adepte allemand ni dans sa personne ni dans ses biens, et qu'il n'eût voulu que lui donner une leçon dont il pût se souvenir, il se disait qu'une pareille œuvre n'était pas celle qui aurait dû occuper les derniers momens de la vie d'un homme.

Un malheur ne marche jamais seul. Tandis qu'Ochiltrie, appuyé sur son bâton d'un air pensif, joignait ses regrets à ceux des villageois qui déploraient la mort prématurée de Steenie, et qu'il se reprochait intérieurement de se l'être associé dans son expédition nocturne contre Dousterswivel, un officier de paix lui mit tout à coup la main gauche sur le collet, tandis qu'il lui montrait de l'autre le bâton, signe de l'autorité légale dont il était investi, et lui dit: — Je vous arrête au nom du roi.

Le commis des douanes et le maître d'école réunirent leur rhétorique pour prouver au constable qu'il n'avait pas le droit d'arrêter un mendiant du roi comme vagabond, et que son manteau bleu lui permettait de parcourir le pays en demandant l'aumône ; les poings fermés et les yeux menaçans du meunier et du serrurier prêtaient une nouvelle éloquence à ces argumens.

— Mais son manteau bleu, dit le constable, ne lui permet ni le vol ni le meurtre ; et je suis porteur d'un mandat d'arrêt décerné contre lui pour ces deux crimes.

— Meurtre ! s'écria Edie : et qui est-ce donc que j'ai assassiné ?

— M. Herman Dousterswivel, agent des mines de Glen-Withershin.

— Tousterchivel ! bon, bon, il est vivant et se porte bien.

— S'il vit encore, ce n'est pas votre faute ; car, s'il faut l'en croire, il l'a échappé belle. Mais c'est à la justice que vous en répondrez.

Les défenseurs du mendiant se turent en entendant l'accusation grave intentée contre lui, mais plus d'une main compatissante lui apporta du pain, de la viande et quelques sous pour se nourrir dans la prison où l'on allait le conduire.

— Grand merci, mes enfans, dit Edie, que le ciel vous bénisse ! je me suis tiré de plus d'une passe où je ne méritais pas si bien ma délivrance, et j'échapperai encore comme un oiseau à l'oiseleur. Continuez votre jeu, et ne vous inquiétez pas de moi ; la mort du pauvre Steenie me cause plus de chagrin que tout ce qu'on peut me faire.

Le prisonnier se laissa emmener sans opposer aucune résistance. Il avait préalablement rempli ses poches et sa besace des aumônes abondantes que chacun s'empressait de lui faire, et jamais frère quêteur n'était rentré plus chargé dans son couvent. Il n'eut pourtant pas la peine de porter bien long-temps ce fardeau, car le constable prit une charrette attelée d'un bon cheval pour le conduire devant le magistrat.

La mort du malheureux Steenie et l'arrestation d'Edie interrompirent les jeux du village, dont les habitans attristés se mirent à réfléchir sur les vicissitudes de la fortune, qui, presque au même instant, venait de placer un de leurs camarades dans le tombeau, et de mettre l'arbitre de leurs différends en quelque danger d'être pendu. Le caractère de Dousterswivel étant généralement connu, ce qui veut dire qu'il était généralement détesté, on se flatta que l'accusation portée par lui était calomnieuse; mais tous convinrent que si Edie Ochiltrie devait subir un châtiment en cette occasion, c'était bien dommage qu'il ne l'eût pas mieux mérité en tuant tout de bon l'entrepreneur des mines.

CHAPITRE XXX.

« Quel est-il ? Oh ! vraiment, il n'a pas son égal !
» C'est un homme pour qui se battre est un régal.
» Si la terre lui manque, il se battra sur l'onde.
» Il a dernièrement, audace sans seconde,
» Défié la baleine, éléphant des poissons,
» L'appelant Bethemoth, avec ses autres noms !
» A l'espadon un jour il a livré bataille,
» En s'escrimant, monsieur, et d'estoc et de taille.
» Mais le poisson a su vaincre son ennemi,
» Il en porte du moins quelques marques sur lui. »

Ancienne comédie.

— Et c'est donc ce matin qu'on doit enterrer ce pauvre garçon, ce jeune pêcheur, Steenie Mucklebackit? Je présume qu'on s'attend à nous voir assister à ses funérailles, dit notre vieux ami l'antiquaire en quittant sa robe de chambre de soie à grands ramages, pour prendre un habit noir taillé à l'ancienne mode, au lieu du vêtement couleur de tabac qu'il portait ordinairement.

— Hélas! répondit le fidèle Caxon en brossant l'habit de son patron, son corps a été tellement brisé contre les rochers, qu'on est obligé de presser l'enterrement. La mer est un élément dangereux, comme je le dis à ma fille, pauvre créature! quand je veux lui rendre un peu de courage; la mer, Jenny, lui dis-je, est un métier aussi incertain...

— Que celui d'un vieux perruquier que la taxe sur la poudre, et la mode de se faire tondre, ont privé de ses pratiques. Caxon, vos sujets de consolation sont aussi mal choisis qu'ils sont étrangers à ce dont il s'agit. *Quid mihi cum feminâ?* Qu'ai-je de commun avec votre race de femelles? J'en ai bien assez des miennes. Je vous demande encore une fois si ces pauvres gens s'attendent à me voir aux funérailles de leur fils?

— Sans doute, sans doute, ils s'y attendent; je puis bien en répondre. Vous savez que dans ce pays tout propriétaire est assez civil pour suivre le corps jusque hors de ses domaines; mais vous n'aurez besoin que de sortir dans la rue; ce n'est qu'un convoi de Kelso, un pas et demi au-delà du seuil de la porte.

Un convoi de Kelso! Et pourquoi un convoi de Kelso plutôt qu'un autre?

— Comment le saurais-je? c'est un proverbe.

— Vous n'êtes qu'un faiseur de perruques, Caxon. Si j'avais fait cette question à Ochiltrie, il aurait eu une légende toute prête à me raconter.

— Votre Honneur m'a dit bien des fois, répondit Caxon d'un ton plus animé que de coutume, que je n'ai affaire qu'à l'extérieur de sa tête.

— C'est la vérité, Caxon, et l'on ne doit pas faire un

reproche au couvreur en paille de ce qu'il n'est pas tapissier décorateur.

Il prit alors son agenda, et écrivit : Convoi de Kelso, un pas et demi au-delà du seuil de la porte; autorité, Caxon. Savoir l'origine de ce proverbe; écrire à ce sujet au docteur Graysteel.

— Quant à cet usage où est le seigneur de suivre le corps du paysan, continua Oldbuck après avoir fait cette note, je l'approuve véritablement, Caxon. Il descend des anciens temps, il tire son antique origine de ces principes de dépendance et d'assistance mutuelle entre le maître du sol et celui qui le cultive; et je dois ajouter ici que le système féodal, qui, soit dit en passant, a porté à l'excès la courtoisie envers la portion femelle de la race humaine, a mitigé et adouci à cet égard la sévérité des siècles classiques. Personne, Caxon, n'a jamais entendu dire qu'un Spartiate suivît les funérailles d'un ilote. Cependant je crois que je ferais serment que John de Girnell..... Vous en avez entendu parler, Caxon?

— Certainement, certainement. Pour peu qu'on ait été dans la compagnie de Votre Honneur, on ne peut manquer d'en avoir entendu parler.

— Eh bien! je gagerais qu'il ne mourait pas sur les domaines de l'abbaye un *kolb*, un *kerl*, un paysan, un serf, *ascriptus glebæ* (1), sans que John de Girnell le vît décemment enterrer.

— C'est possible; mais, sauf le bon plaisir de Votre Honneur, on dit que les naissances lui donnaient plus de besogne que les enterremens, ajouta Caxon avec un gros rire.

(1) Un attaché à la glèbe. — Tr.

— Bien, Caxon, fort bien! Comment donc, vous avez l'esprit brillant ce matin?

— D'ailleurs, ajouta Caxon encouragé par l'approbation de son patron, on dit aussi que dans ce temps-là les prêtres catholiques étaient payés pour assister aux enterremens.

— C'est juste, Caxon, juste comme un gant; manière de parler qui, à mon avis, vient de la coutume où l'on était de donner son gant comme le gage d'une bonne foi irrécusable. Juste comme un gant, dis-je donc, Caxon; et nous autres protestans, nous n'en avons que plus de mérite à nous acquitter gratis d'un de ces devoirs qui coûtaient de l'argent sous le règne de cette reine de la superstition, que Spencer, dans sa phrase allégorique, appelle

> .... La fille de l'aveugle,
> Abessa, qui reçut le jour de Corecca (1).

Mais à quoi bon vous parler de tout cela? Mon pauvre Lovel m'a gâté; il m'a appris à parler tout haut quand il reviendrait au même de me parler à moi seul. Où est mon neveu Hector?

— Dans la salle à manger, avec les dames.

— Fort bien! je vais les y joindre.

— Ah ça, mon frère, dit miss Oldbuck dès qu'elle aperçut notre antiquaire, il ne faut pas vous mettre en colère.

— Mon cher oncle! dit miss Mac-Intyre d'un ton suppliant.

---

(1) *Abessa* : C'est encore la *superstitieuse* Rome qui est désignée ici. — Éd.

— Que veut dire tout ceci? s'écria Oldbuck appréhendant d'apprendre quelque mauvaise nouvelle, et en prévoyant une d'après l'air et le ton de sa sœur et de sa nièce, comme une forteresse prévoit un assaut au premier son de la trompette qui lui annonce une sommation de se rendre : — que signifie cette exhortation à la patience? qu'est-il arrivé?

—Rien de bien important, j'espère, dit Hector, qui, le bras en écharpe, était assis devant la table sur laquelle le déjeuner était placé; mais quel que soit le dommage, il doit être à ma charge, et je dois en être redevable, comme de tout l'embarras que j'ai occasioné, et pour lequel je n'ai guère que des remerciemens à offrir.

—N'y pensez pas, n'y pensez pas; mais que ce soit pour vous une leçon. Apprenez à ne pas vous livrer à la colère, qui n'est autre chose qu'une aliénation d'esprit temporaire : *ira furor brevis est.* Mais quel nouveau malheur est-il donc arrivé?

—Ma chienne a malheureusement renversé.....

— S'il plait au ciel, ce n'est pas mon urne lacrymatoire de Clochnaben! s'écria l'antiquaire.

— En vérité, mon oncle, dit miss Mac-Intyre, je crains..... c'est ce vase qui était sur le buffet. La pauvre bête ne voulait que prendre le beurre frais qui était sur une assiette.

—Et elle y a réussi, car je ne vois sur la table que du beurre salé; mais c'est une bagatelle : c'est mon urne lacrymatoire que je regrette, la pierre fondamentale de ma théorie, la preuve incontestable sur laquelle je comptais pour convaincre l'ignorance opiniâtre de Mac-Crib que les Romains ont réellement passé dans les défilés de ces montagnes, et qu'ils y ont laissé des traces de leur passage, des armes, et des productions de leurs arts. Qu'est devenue cette urne précieuse? La voilà anéantie, brisée, réduite en fragmens qu'on pourrait prendre pour ceux d'un vil pot à fleurs!

.... Hector, je t'aime,
Mais tu n'es plus mon officier (1).

— Je crois réellement, mon oncle, que je ne figurerais pas trop bien dans un régiment que vous lèveriez.

— Au moins j'exigerais que vous y parussiez sans avoir à votre suite un train si nombreux d'équipages; que vous fussiez *expeditus, relictis impedimentis* (2). Vous ne pouvez concevoir combien je suis ennuyé de cette bête : c'est une voleuse avec effraction, je pense, car je l'ai entendu accuser de s'être introduite dans la cuisine après que les portes en avaient été fermées, et d'y avoir mangé une épaule de mouton.

Si nos lecteurs se rappellent la précaution qu'avait prise Jenny Rintherout de laisser les portes ouvertes quand elle était sortie pour se rendre chez Saunders Mucklebackit, ils acquitteront probablement la pauvre Junon de cette aggravation de crime que les jurisconsultes appellent *claustrum fregit* (3), et qui établit une différence entre le *burglary* (4) et le vol particulier.

(1) L'antiquaire cite ici une phrase d'Othello, en substituant au nom de Cassio celui d'Hector son neveu. — Éd.

(2) Léger de bagage et d'embarras. — Tr.

(3) *Effraction*. — Tr.

(4) *Burglary* : c'est le terme consacré pour un vol fait *de nuit*, avec *effraction*, et dans une maison *habitée*. — Éd.

—Je suis bien fâché, mon oncle, dit Hector, que Junon ait commis tant de désordre; mais il est très-vrai que Jack Muirhead, le premier homme du monde pour dresser les chiens, n'a jamais pu la discipliner. Je ne connais pas de chien qui ait autant voyagé, et pourtant.....

—Je serais très-charmé, Hector, qu'elle voyageât hors de mes domaines.

—Eh bien! mon oncle, nous ferons tous deux retraite demain, aujourd'hui même; mais je ne voudrais point partir brouillé avec le frère de ma mère pour un misérable pot cassé.

—Ah! mon frère! mon frère! s'écria miss Mac-Intyre désespérée de l'entendre parler d'une urne antique avec ce ton de légèreté.

—Et que voulez-vous que je dise? reprit Hector; c'est de semblables pots de terre qu'on se sert en Égypte pour faire rafraîchir l'eau, le vin, le sorbet: j'en ai rapporté une couple; j'aurais pu en rapporter un cent.

—Quoi! s'écria l'antiquaire, de même forme que l'urne lacrymatoire que votre chienne vient de briser?

—Presque absolument semblables à la jarre de terre qui était sur ce buffet. Je les ai dans mon logement à Fairport; nous nous en sommes servis pendant la traversée pour faire rafraîchir notre vin, et nous nous en sommes fort bien trouvés. Si je croyais que vous en fussiez curieux le moins du monde, je vous les ferais apporter.

—Bien véritablement, mon cher enfant, je serais enchanté de les posséder. Chercher à établir la connexion des peuples par la similitude de leurs usages et des ustensiles dont ils se servent, est depuis long-temps mon étude favorite; tout ce qui tend à ce but ne peut que m'être infiniment précieux.

— Eh bien, mon oncle, je vous prierai donc de les accepter, ainsi que quelques autres bagatelles de ce genre. Puis-je espérer que vous m'avez pardonné?

— Oh! mon cher enfant, il n'est pas question de pardon; je ne vous reproche que d'être un étourdi.

— Mais Junon! on n'a aussi que de l'étourderie à lui reprocher. Jack Muirhead m'a assuré qu'elle n'est ni vicieuse ni entêtée.

— Eh bien, j'accorde aussi à Junon un plein pardon, mais à condition que vous l'imiterez en n'étant ni vicieux ni entêté, et qu'elle sera bannie de tous les appartemens que j'occupe dans le château de Monkbarns.

— J'aurais été honteux, mon oncle, de vous offrir par forme d'expiation de mes fautes, ou de celles de Junon, quelque chose qui me paraît digne de vous être présenté; mais à présent que tout est pardonné, permettez-vous à un neveu pour qui vous avez été un père, de vous prier d'accepter une bagatelle qu'on prétend véritablement curieuse, et que ma sotte blessure m'a empêché de vous offrir plus tôt. C'est un présent que m'a fait un savant français à qui j'avais rendu quelques services après l'affaire d'Alexandrie.

En parlant ainsi, le capitaine mit un petit écrin entre les mains de son oncle, qui, l'ayant ouvert sur-le-champ, y trouva une bague antique en or, ornée d'un camée supérieurement travaillé, représentant la tête de Cléopâtre. A cette vue, l'antiquaire se livra sans contrainte à toute son extase, serra vivement la main de son neveu, le remercia cent fois, et montra ce bijou précieux à sa sœur et à sa nièce. Celle-ci eut assez de tact pour

montrer une admiration capable de satisfaire son oncle ;
mais miss Grizzy, quoiqu'elle n'aimât pas moins son
neveu, n'eut pas l'adresse de suivre cet exemple.

— C'est un joli joyau, et j'ose dire qu'il a son prix,
dit-elle en le pesant dans sa main ; mais vous savez,
mon frère, que je ne me connais pas en ce genre d'ouvrage.

— C'est tout Fairport qui parle par sa bouche, s'écria Oldbuck ; l'esprit de cette ville nous infecte tous.
Depuis deux jours que le vent est fixé comme un *remora*
au nord-est, je ne cesse d'en sentir la fumée, et la contagion morale s'étend encore plus loin. Croyez-moi, mon
cher Hector, si je parcourais la grande rue de Fairport,
montrant cette bague inappréciable à tous ceux que je
rencontrerais, pas une créature, depuis le prévôt jusqu'au crieur de la ville, ne s'arrêterait pour m'en demander l'histoire ; mais si j'avais sous le bras une balle
de toile, je ne ferais pas trois pas sans être accablé de
questions sur sa finesse et son prix. On pourrait parodier leur ignorance brute en leur adressant cette strophe
de Gray :

> « Tissez la trame et la chaîne,
> » C'est le linceul du bon sens,
> » C'est une armure certaine
> » Pour se défendre des gens
> » Qui ne se mettent pas en peine
> » D'amasser des deniers comptans (1). »

Une preuve remarquable du plaisir avec lequel
M. Oldbuck avait reçu cette offrande de pacification,

---

(1) C'est la parodie d'une strophe de l'ode de Gray, intitulée les
Fatales Sœurs, fondée sur la mythologie scandinave. Voyez une
note d'*Ivanhoe*, tome 3, p. 22. — Éd.

c'est que tandis qu'il déclamait ces vers, Junon, qui avait conçu pour notre antiquaire une sorte de crainte respectueuse, d'après cet instinct admirable avec lequel les chiens reconnaissent leurs amis et leurs ennemis, Junon, disons-nous, qui avait plusieurs fois avancé la tête à la porte de la salle à manger, ne voyant sur la physionomie du laird rien de bien menaçant, s'était enfin hasardée à entrer; et sa hardiesse croissant par suite de l'impunité, elle mangea une rôtie destinée à Oldbuck, et qu'on avait mise devant le feu sur une assiette pour qu'elle ne se refroidît pas, tandis que celui-ci, portant les yeux tour à tour sur ses auditeurs, répétait avec complaisance :

« Tissez la trame et la chaîne. »

— Vous vous souvenez du passage des *Fatales Sœurs*, ajouta-t-il, imitation qui, soit dit en passant, est bien loin de valoir l'original..... Eh bien ! qu'est devenue ma rôtie ? Ah ! je vois ce que c'est ! Type de la race femelle, je ne suis pas surpris que ton nom soit devenu pour elle une injure (1). — A ces mots il montra le poing à Junon, qui se sauva sur-le-champ hors de la salle. — Au surplus, ajouta-t-il, comme Jupiter dans le ciel n'a jamais pu morigéner Junon, et que Jack Muirhead, à ce que dit Hector, n'a pas été plus heureux sur la terre, je présume qu'il faut renoncer à la discipliner. — Le ton radouci de ce reproche fit juger au frère et à la sœur

(1) La plus grande des injures qu'on puisse adresser en Angleterre à une femme, c'est de l'appeler chienne, *bitch*. On élude même de prononcer *bitch*. En parlant de la femelle du chien, on dit *a she-dog*. — Éd.

que Junon avait reçu son plein pardon, et toute la famille déjeuna gaiement.

Lorsque le déjeuner fut terminé, Oldbuck proposa à son neveu de l'accompagner aux funérailles de Steenie. Le capitaine objecta qu'il n'avait pas d'habit de deuil.

— Qu'importe! répliqua l'antiquaire; votre présence est tout ce qu'il faut; d'ailleurs je vous assure que vous verrez des choses qui vous amuseront. Non, cette expression est impropre, qui vous intéresseront, voulais-je dire, d'après les traits de ressemblance que je vous ferai apercevoir entre les coutumes des anciens et celles qui sont encore en usage parmi le peuple dans ce pays.

— Que le ciel ait pitié de moi! pensa Mac-Intyre; je ferai inévitablement quelque sottise, et je perdrai tout le crédit que je viens de gagner grace au hasard.

Quelques coups d'œil supplians de sa sœur invitèrent le capitaine à la patience, et il prit en partant la résolution de faire la cour à son oncle en lui accordant toute son attention; mais nos meilleures résolutions tiennent rarement contre nos habitudes dominantes. Notre antiquaire, pour lui donner toutes les explications convenables, avait commencé une dissertation savante sur les rites funéraires des anciens Scandinaves, quand son neveu l'interrompit pour lui faire remarquer une superbe mouette qui s'était approchée d'eux à portée de fusil; il reconnut son tort, pria son oncle de recevoir ses excuses, et Oldbuck continua sa discussion.

— Il est certaines choses que vous devriez savoir, mon cher Hector, et avec lesquelles il serait même à propos que vous fussiez familier. Dans les circonstances étranges d'une guerre qui embrasse en ce moment tous les coins de l'Europe, qui peut savoir où vous serez appelé à servir? Or, si c'était en Norwège ou en Danemarck, par exemple, ou dans toute autre partie de l'ancienne Scanie ou Scandinavie, comme nous l'appelons, combien ne vous serait-il pas utile de connaître sur le bout du doigt l'histoire et les antiquités de cette ancienne contrée, cette *officina gentium*, cette mère de l'Europe moderne, la pépinière de ces héros

« Fermes dans les dangers, si grands dans les combats,
» Et qui par un sourire accueillaient le trépas. »

Comme vous vous sentiriez animé, par exemple, si, après une marche fatigante, vous vous trouviez dans le voisinage d'un monument runique, ou que vous vinssiez à découvrir que votre tente est à côté de la tombe d'un héros!

— Je crois, mon oncle, que j'aimerais mieux apprendre qu'elle est à peu de distance d'une basse-cour bien garnie de volaille.

— Hélas! est-il possible que vous parliez ainsi? Il n'est pas étonnant qu'on ne voie plus des journées de Crécy et d'Azincourt, quand le respect pour l'ancienne valeur est éteint dans le cœur du soldat anglais.

— Nullement, mon oncle, vous vous trompez, ce n'est pas cela; mais je pense qu'Édouard, Henry, et tous les héros, pensaient à leur dîner avant de songer à examiner un vieux tombeau : du reste je vous assure que nous ne sommes nullement insensibles à la renommée de nos pères. Je passais quelquefois des soirées entières à entendre le vieux Rory Mac-Alpin nous chanter des vers d'Ossian sur les batailles entre Fingal et Lamon Mor, sur Magnus et l'esprit de Muiratach.

— Et croyez-vous réellement, pauvre dupe que vous

êtes, dit l'antiquaire en fronçant le sourcil, que les fadaises publiées par Mac-Pherson soient réellement antiques?

— Si je le crois? comment ne le croirais-je pas, quand j'ai entendu réciter ces vers depuis mon enfance?

— Mais non pas ceux que vous trouvez dans l'Ossian anglais de Mac-Pherson, dit l'antiquaire le front chargé de courroux; j'espère que vous n'êtes pas assez absurde pour le prétendre?

Hector soutint la tempête avec courage; en véritable Celte, il regardait l'honneur de son pays et de sa langue nationale comme attaché à l'authenticité de ces poëmes populaires, et il se serait battu cent fois, aurait perdu la vie et tous ses biens, plutôt que d'en abandonner une seule ligne. Il soutint donc intrépidement que Rory Mac-Alpin était en état de réciter le livre tout entier d'un bout à l'autre; et ce ne fut qu'après avoir subi un nouvel interrogatoire qu'il modifia son assertion générale, en disant que Rory Mac-Alpin récitait ces vers tant que le whiskey ne lui manquait pas, et qu'il restait quelqu'un pour l'écouter.

— Sans doute, sans doute, dit l'antiquaire, et cela ne durait pas long-temps.

— Nous avions nos devoirs à remplir, répliqua le capitaine; et nous ne pouvions passer toute la nuit à l'écouter.

— Et vous rappelez-vous à présent, dit Oldbuck en serrant les dents, et en parlant sans les ouvrir, ce qui lui arrivait toutes les fois qu'on le contredisait; — vous rappelez-vous quelques-uns de ces vers que vous trouviez si beaux, si parfaits? Vous êtes sans doute un excellent juge en pareille matière!

— Je n'ai pas de prétentions à la science, mon oncle ; mais avez-vous raison de vous mettre en colère contre moi parce que je préfère les anciens héros de mon pays aux Harold, aux Harfager et aux Haco que vous avez pris sous votre protection ?

— Mais, monsieur, ces Goths puissans et invincibles sont vos ancêtres. Les Celtes à jambes nues qu'ils subjuguèrent, et qu'ils laissèrent subsister comme une nation barbare dans les crevasses de leurs rochers, n'étaient que leurs serfs, leurs *mancipia*.

Hector devint rouge de colère à son tour. — Je crois comprendre, monsieur, ce que vous voulez dire par les termes de serfs et de *mancipia*, et de telles expressions ne doivent pas s'appliquer aux montagnards d'Écosse. Le frère de ma mère est le seul homme dans la bouche duquel je puisse les entendre sans le forcer à s'en repentir ; et je vous prie d'observer que je ne trouve ni hospitalière, ni généreuse, ni décente, la manière dont vous vous conduisez avec un homme qui est votre hôte et votre parent. Mes ancêtres, M. Oldbuck.....

— Étaient des chefs nobles et vaillans, Hector, je n'en doute nullement, et je ne m'attendais guère à vous offenser si grièvement en traitant un point d'antiquité si reculé, sujet sur lequel je suis toujours moi-même calme et de sang-froid. Mais vous êtes vif et bouillant comme si vous aviez en vous non-seulement l'ame d'Hector, mais encore celle d'Achille, et celle d'Agamemnon par-dessus le marché.

— Je suis fâché d'avoir montré tant de vivacité, surtout en vous parlant, mon oncle. Je n'ai pas oublié vos bontés, votre générosité ; mais mes ancêtres.....

— N'en parlons plus, mon cher enfant; je n'ai pas eu dessein d'en insulter un seul.

— J'en suis charmé, monsieur, car la maison de Mac-Intyre.....

— Que la paix du ciel soit avec elle, avec tous ceux qui ont jamais porté ce nom! Mais pour en revenir à notre sujet, vous souvenez-vous de quelqu'un de ces poëmes qui vous amusaient tant!

— Vraiment! pensa le capitaine, il est bien dur qu'il parle avec tant de plaisir de tout ce qui est antique, et qu'il ne veuille pas entendre parler de ma famille. — Oui, mon oncle, reprit-il après un moment de réflexion, je m'en rappelle quelques vers; mais vous ne comprenez pas le gaëlique.

— Et je me passerai même volontiers de l'entendre; mais ne pouvez-vous m'en donner une idée dans notre langue?

— Je serai pauvre traducteur, répondit Hector. — Et il se mit à répéter à demi-voix l'original, bien garni d'*aghes*, d'*aughs*, d'*oudghs*, et d'autres terminaisons gutturales, après quoi il toussa quelques instants comme si la traduction lui fût restée dans le gosier et n'en voulût pas sortir. Enfin ayant averti son auditeur que le poëme était un dialogue entre le poète Oisin ou Ossian, et Patrice, le saint patron de l'Irlande, et qu'il était difficile, sinon impossible, de rendre la simplicité exquise des deux ou trois premiers vers, il dit que tel en était à peu près le sens littéral :

« Patrice, chanteur de psaumes,
» Puisque vous ne voulez pas écouter une de mes histoires
» Quoique vous ne l'ayez jamais entendue,
» Je suis fâché de vous dire
» Que vous ne valez guère mieux qu'un âne. »

— Bien! très-bien! s'écria l'antiquaire; mais continuez; cela est réellement admirable. J'ose dire que le poète avait raison. Et que répond le saint?

— Le saint répond comme il le doit. Mais j'aurais voulu que vous entendissiez Mac-Alpin. Il chantait le rôle d'Ossian en basse-taille, et celui du saint en *tenor*.

— C'était comme les sons alternatifs du gros et des petits bourdons de la cornemuse dudit Mac-Alpin (1).

— Voyons, continuez.

— Eh bien donc, Patrice répond à Ossian :

> « Sur ma parole, fils de Fingal,
> » Tandis que je chante des psaumes,
> » Le bruit que font vos contes de vieilles femmes
> » Me trouble dans mes exercices de dévotion. »

— Excellent! de mieux en mieux! j'espère que saint Patrice chantait mieux que le clerc de Blattergowl, sans quoi l'on serait embarrassé pour choisir entre le saint et le poète. Mais ce que j'admire, c'est la politesse avec laquelle se traitent ces deux illustres personnages. C'est

(1) La cornemuse écossaise a trois bourdons et un seul chalumeau percé de huit trous, sept devant et un derrière; la note la plus basse est un *sol*. On fait, à partir du *la*, les notes *si, ut, re, mi, fa, sol, la*, toutes naturelles; en sorte que cette gamme est comme notre gamme de *sol majeur*, dont le *fa* serait naturel au lieu d'être dièze. Le gros bourdon sonne le *sol*, un *sol* à l'octave au-dessous de celui qui est la note intérieure du chalumeau : le second bourdon sonne la tierce du gros, c'est-à-dire un *si*, et le petit un *sol* à l'octave au-dessus du gros. Cet accord incomplet forme une basse monotone et continue opposée aux airs qui se jouent sur le chalumeau; le *sol* est le ton principal de cet instrument borné auquel l'antiquaire compare malicieusement la monotonie de la ballade de son neveu. — Éd.

bien dommage qu'il n'y ait pas un mot de tout cela dans la traduction de Mac-Pherson.

— Si vous en êtes sûr, dit gravement le capitaine, il faut qu'il ait pris des libertés inexcusables avec son original.

— C'est, je crois, ce dont on finira par être convaincu. Ensuite ?

— Voici la réponse d'Ossian.

« Osez-vous comparer vos psaumes,
» Fils de....... »

— Fils de quoi ? s'écria l'antiquaire.

— Je crois, répondit Mac-Intyre comme à regret, que le terme employé dans l'original signifie la même chose que la femelle d'un chien en anglais.

« ....
» Osez-vous comparer vos psaumes,
» Fils d'une........
» Aux contes des Féniens aux bras nus...... »

— Êtes-vous bien sûr, Hector, que vous traduisez fidèlement ces trois derniers mots ?

— Très-sûr, monsieur, répondit Hector avec un peu d'humeur.

— C'est que j'aurais cru qu'on aurait dû parler de la nudité d'une autre partie du corps.

Hector continua sa traduction, sans daigner répondre à ce sarcasme.

« Je ne me ferai pas grand scrupule
» D'arracher votre tête chauve de dessus vos épaules.... »

— Que vois-je là-bas ? s'écria-t-il en s'interrompant lui-même.

— Un membre du troupeau de Protée, répondit l'antiquaire, un *phoca*, c'est-à-dire un veau marin (1).

A ces mots Mac-Intyre, avec la vivacité d'un jeune chasseur, oublia sur-le-champ Ossian, saint Patrice, son oncle et sa blessure, et s'écriant, — Je l'aurai! je l'aurai! il arracha brusquement la canne des mains de son oncle, au risque de le faire tomber, et courut à toutes jambes pour se placer entre la mer et l'animal, vers laquelle celui-ci, ayant pris l'alarme, faisait rapidement sa retraite.

Sancho, quand son maître interrompit un récit qu'il lui faisait pour aller charger un troupeau de moutons, ne fut pas plus confondu de surprise que ne le fut Oldbuck en voyant cette escapade soudaine de son neveu.

— Il a le diable au corps! s'écria-t-il. Aller troubler une bête qui ne pensait pas à lui! Hector! ajouta-t-il en élevant la voix, mon neveu! fou que vous êtes! laissez là le *phoca!* laissez-le tranquille, vous dis-je; ces animaux mordent comme des enragés. Allons, l'y voilà! bien! le *phoca* a le dessus; j'en suis bien aise; oui, j'en suis enchanté au fond du cœur, répéta-t-il quoiqu'il fût réellement alarmé pour la sûreté de son neveu.

Dans le fait le veau marin, voyant sa retraite coupée par notre militaire au pied léger, lui fit face courageusement, et ayant reçu un grand coup de bâton qui ne produisit aucun effet, il se rida le front, comme le font ces animaux quand ils sont en colère, saisit la canne

(1) Le *calocephalus vitulinus*, ou *phoca vitulina*. Cet animal a environ trois pieds de long. Par son museau et sa forme il a quelque analogie avec un petit boule-dogue. Il aime particulièrement la musique et le son de la voix humaine. Il y a aussi en Écosse le *phoca-barbata*. — Éd.

avec une de ses pattes de devant, et ne pensa ensuite qu'à gagner la mer, qui était à quelques pas, sans faire d'autre mal au capitaine que de le renverser en passant.

Hector, un peu décontenancé par l'issue de cet exploit, se releva à temps pour recevoir les félicitations ironiques de son oncle sur un combat singulier digne d'être célébré par Ossian lui-même, — Puisque, dit l'antiquaire, votre ennemi a pris la fuite, quoique non avec des ailes d'aigle, et vous a abandonné le champ de bataille. Sur ma foi, il s'est éloigné avec l'air majestueux d'un triomphateur, et il a emporté ma canne en guise de *spolia opima*.

Tout ce que Mac-Intyre put dire pour se justifier fut qu'un montagnard écossais ne pouvait jamais voir un daim, un veau marin ou un saumon, sans éprouver une envie irrésistible de s'en emparer, et qu'il avait oublié qu'il portait un de ses bras en écharpe. Il trouva dans cette chute un prétexte pour retourner à Monkbarns; et échappa ainsi au désagrément d'entendre les railleries de son oncle et ses lamentations sur la perte de sa canne.

— Je l'ai coupée, dit celui-ci, dans les bois classiques d'Hawthornden (1), dans un temps où je ne croyais pas vivre et mourir garçon. Je ne l'aurais pas donnée pour tous les veaux marins de l'Océan. O Hector, Hector! le héros dont tu portes le nom était né pour être le soutien de Troie; mais tu es né pour être la ruine de Monkbarns.

(1) Près de Roslin. Voyez les *Vues pittoresques de l'Écosse*.

Éd.

FIN DU TOME DEUXIÈME.

ŒUVRES COMPLÈTES
DE
SIR WALTER SCOTT.

Cette édition sera précédée d'une notice historique et littéraire sur l'auteur et ses écrits. Elle formera soixante-douze volumes in-dix-huit, imprimés en caractères neufs de la fonderie de Firmin Didot, sur papier jésus vélin superfin satiné; ornés de 72 *gravures en taille-douce* d'après les dessins d'Alex. Desenne; de 72 *vues* ou *vignettes* d'après les dessins de Finden, Heath, Westall, Alfred et Tony Johannot, etc., exécutées par les meilleurs artistes français et anglais; de 30 *cartes géographiques* destinées spécialement à chaque ouvrage; d'une *carte générale de l'Écosse*, et d'un *fac-simile* d'une lettre de Sir Walter Scott, adressée à M. Defauconpret, traducteur de ses œuvres.

CONDITIONS DE LA SOUSCRIPTION.

Les 72 volumes in-18 paraîtront par livraisons de 3 volumes de mois en mois; chaque volume sera orné d'une *gravure en taille-douce* et d'un titre gravé, avec une *vue* ou *vignette*, et chaque livraison sera accompagnée d'une ou deux *cartes géographiques*.

Les *planches* seront réunies en un cahier séparé formant *atlas*.

Le prix de la livraison, pour les souscripteurs, est de 12 fr. et de 25 fr. avec les gravures avant la lettre.

Depuis la publication de la 3e livraison, les prix sont portés à 15 fr. et à 30 fr.

ON NE PAIE RIEN D'AVANCE.

Pour être souscripteur il suffit de se faire inscrire à Paris

Chez les Éditeurs :

A. SAUTELET ET Cⁱᵉ,	CHARLES GOSSELIN, LIBRAIRE
LIBRAIRES,	DE S. A. R. M. LE DUC DE BORDEAUX,
Place de la Bourse.	Rue St.-Germain-des-Prés, n. 9.

www.ingramcontent.com/pod-product-compliance
Lightning Source LLC
Chambersburg PA
CBHW071947160426
43198CB00011B/1581